28일만에 초급 끝내는 **독학용 일본어**

e-쉬운 일본어 초급

동경외대 일본어연구모임 지음

(주)시사일본어사
book.japansisa.com

동경외대 일본어연구모임이란?

어떻게 하면 일본어를 쉽게, 제대로 배울 수 있을까?
동경외국어대 출신 연구진들이 똘똘 뭉친 이유입니다.
이들이 지난 수년간의 연구 결과를 하나로 묶었습니다.
e-쉬운 일본어—
일본어 시작하는 분에게 가장 확실한 교재가 될 것입니다.

남녀노소 누구나 일본어를 쉽고 편하게 익히게 하자는 취지 아래 新일본어첫걸음을 발행한 지도 벌써 10년이 다 되어갑니다. 그동안 新일본어첫걸음은 일본어교재의 베스트셀러로서, 또 일본어를 시작하는 이들의 편안한 친구로서 여러분의 사랑을 듬뿍 받아왔습니다.

이제 新일본어첫걸음은 수많은 독자들의 성원에 힘입어 개정판「e-쉬운 일본어」를 내게 되었습니다.

지루해지기 쉬운 공부를 보다 즐겁게 익힐 수 있도록 깜찍한 캐릭터와 함께 내지를 올컬러로 바꾸었고, 6개월의 다소 긴 학습 기간도 2개월로 단축하였습니다. 그러나 굳이 이에 구애받으실 필요는 없습니다. 여러분의 형편에 따라 목표를 정하고 원하는 시간에 원하는 분량만큼 학습하시면 됩니다.

그리고 또 하나 큰 특징은, 독학하시는 여러분들을 위해 동영상 강의가 들어 있다는 점입니다. 비록 독학교재이지만, 「e-쉬운 일본어」는 일본어를 공부하시는 분들의 노고를 조금이라도 덜어드리고자 시사일본어사의 교재개발 전문팀 '스터디테크 연구소'에서 치밀한 교재 분석을 통한 동영상 강의를 해 드립니다.

그러나 무엇보다 중요한 것은 여러분의 의지입니다. 제아무리 좋은 교재와 훌륭한 선생님을 두었다 한들, 배우고자 하는 의지가 없다면 무슨 소용이 있겠습니까? 힘들고 어려울수록 자신을 채찍질하는 사람이 좋은 결실을 얻을 수 있을 것입니다. 그러한 여러분들의 미래에, 이 책이 작지만 보탬이 되는 징검다리가 되었으면 합니다.

아무쪼록 일본어 학습을 통해 여러분이 하시고자 하는 모든 일들이 이루어지길 바라마지 않습니다. 감사합니다.

동경외대 일본어 연구 모임

『e-쉬운 일본어』의 특징--------------------------------

- 남녀노소 누구나 혼자서도 공부할 수 있도록 쉽게 만들었습니다.
- 문형을 통해 기초 문법은 모두 마스터할 수 있도록 했습니다.
- 어려운 문법 용어는 이해하기 쉽게 풀어서 설명했습니다.
- 해설은 우리말과 비교하면서 쉽게 이해할 수 있도록 간단하게 설명했습니다.
- 본문의 한글 발음은 실제 발음과 최대한 가깝게 표기했습니다. 먼저 눈으로 익히신 후에 CD를 통하여 귀와 입에 익숙해질 수 있도록 하시기 바랍니다.
- 어려운 고비는 예문과 반복 학습을 통해 쉽게 넘어갈 수 있도록 했습니다.
- 일본인 선생님과 함께하는 동영상 해설강의가 독학하시는 여러분들의 노고를 한층 덜어드립니다.

C O N T E N T S

주요등장인물

안녕하세요?
일본에서 유학생활을 한 지
벌써 두달째로 접어드네요.
여기서 사귄 여러 친구들
덕분에 이곳 생활은
너무 재미있어요.

아직은
일본어가 서툴러
이렇게 눈치껏 행동하고 있지만,
곧 다 알아들을 수 있도록
열심히 공부하겠습니다.
여러분도 한 분의 낙오자 없이
저의 일본 유학 생활을
지켜봐 주세요.

홍주희
한국 유학생
나이 : 21세
취미 : 피아노 연주

다나까
기숙사 직원
나이 : 29세
취미 : 테니스

마쯔오까
일본어 선생님
나이 : 25 세
취미 : 음악 감상

사까이다
일본 여학생
나이 : 21세
취미 : 여행

안헤르
스페인 유학생
나이 : 23세
취미 : 그림

테오
네덜란드 유학생
나이 : 22세
취미 : 공부

왕
중국 유학생
나이 : 21세
취미 : 먹는 것

실력
다지기

본격적으로 일본어 실력을 쌓는 여러 표현들이 줄줄 나옵니다.

「～하기도 하고(～たり)」「～에 관해서(～に ついて)」

「～하고 싶다(～たい)」 등을 익혀 두세요.

이 부분을 제대로 해 두면 일본인과의 기본적인 의사소통은 다 됩니다.

첫째날

01_ 〜た형, 〜たり형
02_ 〜て います.

 일본어 학교에서 ◎02

ホン
^홍
ずっと 病気だったと 聞きましたが、もう
<small>줏 또　보-끼 닷 따또　키 끼마시 따가　모-</small>
大丈夫ですか。
<small>다이쬬- 부 데 스 까</small>

ワン
^왕
毎日 薬を 飲んだり、注射を したり
<small>마이니찌 쿠스리오　논 다 리　츄-샤 오　시 따리</small>
しましたから もう 大丈夫だと 思います。
<small>시 마시 따까라　모-　다이쬬- 부 다 또　오모이 마 스</small>

WORDS

ずっと 계속해서　〜だった 〜였다　聞(き)きました 들었습니다
大丈夫(だいじょうぶ) 괜찮음　薬(くすり) 약
注射(ちゅうしゃ)を する 주사를 맞다　思(おも)う 생각하다

1_ 飲みました는 '마셨습니다' 라는 뜻입니다. 그러면 '마셨다' 라는 말은 어떻게 할까요? 「て형」에서 て를 た로 바꾸면 '〜했다' 라는 과거가 됩니다.
이렇게 て를 た로 바꾼 문형을 오늘부터는 「た형」이라고 하겠습니다.

(연습) 書く → 書いて → 書いた (썼다)
見る → 見て → 見た (보았다)
する → して → した (했다)

2_ 「た형」+り는 '〜하기도 하고, 〜하기도 하다' 라는 뜻입니다.

(연습) 飲んだり(마시기도 하고)　食べたり(먹기도 하고)

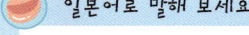

일본어로 말해 보세요!

매일 맥주를 마시기도 하고 노래를 부르기도 했습니다.

1. 빵을 먹기도 하고 우유를 마시기도 했습니다.
2. 텔레비전을 보기도 하고 비디오를 보기도 했습니다.
3. 게임을 하기도 하고 노래를 부르기도 했습니다.

Level up

1 과거형에 대하여 총정리해 보겠습니다.

	~하다 /~이다	~했다 /~였다	~했습니다 /~였습니다	~하지 않았습니다 /~이 아니었습니다
1그룹동사	歌う	歌った	歌いました	歌いませんでした
2그룹동사	見る	見た	見ました	見ませんでした
3그룹동사	する	した	しました	しませんでした
명사	本だ	本だった	本でした	本では ありませんでした
い형용사	おいしい	おいしかった	おいしかったです	おいしく ありませんでした
な형용사	静かだ	静かだった	静かでした	静かでは ありませんでした

02 일본어 학교에서  03

ホン^홍 食事は どう して いますか。
<small>쇼꾸지와 도ー시떼 이마스까</small>

ワン^왕 昨日から おかゆを 食べて います。
<small>키노ー까라 오카유오 다베떼 이마스</small>

ホン^홍 それは 大変ですね。
<small>소레와 다이헨데스네</small>

ワン^왕 ええ…。
<small>에ー</small>

WORDS

食事(しょくじ) 식사　　昨日(きのう) 어제　　おかゆ 죽
食(た)べて います 먹고 있습니다　　大変(たいへん) 큰일

Point

1　「て형」에 **います**(있습니다)를 붙이면 현재 '~하고 있습니다' 라는 진행형
이 됩니다.

> **연습** 먹고 있습니다. → 食べて います。
> 　　　 울고 있습니다. → 泣いて います。

회화체에서는 い를 생략해서 食べてます, 泣いてます라고도 합니다.

2　大変ですね는 '안됐군요, 큰일이네요' 라는 뜻으로 걱정을 해주는 말입니다.

心理テスト!!

あなたの 手を みて ください。
その 中で 好きな ゆび(손가락)は どれですか。

1. おやゆび(엄지)　　　　　　2. ひとさしゆび(검지)
3. なかゆび(중지)　　　　　　4. くすりゆび(약지)
5. こゆび(새끼손가락)

일본어로 말해 보세요!

A : 지금 무엇을 하고 있습니까?
B : 영화를 보고 있습니다.

1. 책을 읽고   2. 텔레비전을 보고   3. 낮잠을 자고 (ひるねを する)

Level up

1 다음 질문에 일본어로 답하세요.

1. あなたは いま テレビを みて いますか。
2. あなたは いま なにを して いますか。
3. あなたは いま べんきょうを して いますか。

心理テスト!! 분석결과

심리 테스트로는 당신이 결혼 상대자로서 어떤 타입의 사람을 좋아하고 있는가를 알 수 있다고 합니다.

1. おやゆび   — 나이 차이가 있고 믿음직스러운 사람, 또는 연상의 연인
2. ひとさしゆび — 친구 같은 느낌으로 격식을 차리지 않아도 되는 사람
3. なかゆび   — 자신과 동등한 관계로 인생을 펼쳐나갈 수 있는 사람
4. くすりゆび   — 가정적인 포근함을 느낄 수 있는 사람
5. こゆび   — 가냘프고 귀여워 왠지 보호해 주고 싶은 느낌의 사람

둘째날

01_ ます형+たい
02_ 知って いますか。

01 전화로 ◎04

ホン^홍

さかいだ^{사 까이 다}さん、^상 ちょっと^{촛 또} ききたい^{키 끼 따이} ことが^{코 또 가}

ありますが^{아 리 마 스 가}、いいですか^{이 - 데 스 까}。

さかいだ^{사 까이 다} はい、なんでしょうか^{하 이 난 데 쇼 - 까}。

WORDS

ちょっと 잠시, 좀, 잠깐　ききたい 묻고 싶다
ありますが 있습니다만　いいですか 괜찮겠습니까?
なんでしょうか 무슨 일이시죠?

1. 누군가 상담을 해 왔을 때나 쾌히 승낙을 할 때 사용하는 말이 **はい、なんでしょうか**입니다. '네, 무슨 이야기죠? 상담해 드리고 말고요' 라는 뜻이 함축된 말입니다.
그 반대로 **なんだよ**는 상대에게 시비를 걸 때 쓰기도 합니다. 상대가 なんだよ(너 뭐야)라고 시비를 걸어 오면, なにを(내가 뭘, 뭐가 어떻다구)라고 응답하시면 됩니다. 또한 딱딱한 어조로 なんですか라고 하면 '무슨 일이죠?' 라는 뜻의 냉정한 말이 되기도 합니다.

2. **〜たい**는 '〜하고 싶다' 라는 뜻으로 「ます형」에 붙습니다.
〜たい의 과거는 **〜たかった**입니다.

연습 1. 食^たべ<u>たい</u> (먹고 싶다) → 食べ<u>たかった</u> (먹고 싶었다)
　　　 2. 寝^ね<u>たい</u> (자고 싶다) → 寝<u>たかった</u> (자고 싶었다)
　　　 3. 来^き<u>たい</u> (오고 싶다) → 来<u>たかった</u> (오고 싶었다)

사까이다 씨,
잠깐 묻고 싶은 것이
있습니다만,
괜찮겠습니까?

네,
무슨 일이시죠?

 일본어로 말해 보세요!

묻고 싶은 것이 있습니다만…

1. 듣고 싶은 것   2. 이야기하고 싶은 것

3. 가르쳐주고 싶은 것

1 「ます형」에 붙여 쓰는 말을 정리해 보겠습니다.

1. ~입니다, ~습니다	食べ<u>ます</u> (먹습니다) 飲み<u>ます</u> (마십니다)
2. ~하러	食べ<u>に</u> (먹으러) 飲み<u>に</u> (마시러)
3. ~하고 싶다	食べ<u>たい</u> (먹고 싶다) 飲み<u>たい</u> (마시고 싶다)
4. ~하는 법	食べ<u>かた</u> (먹는 법) 飲み<u>かた</u> (마시는 법)
5. ~합시다	食べ<u>ましょう</u> (먹읍시다) 飲み<u>ましょう</u> (마십시다)

ホン
さかいださんは、「たけや」と いう 店を
知って いますか。

さかいだ
はい、知って います。

ホン
「たけや」には どう 行きますか。

さかいだ
やまのてせんに 乗って おかちまち駅で
おります。

WORDS

店(みせ) 가게   知(し)って います 알고 있습니다   どう 어떻게
やまのてせん 지하철 노선 이름   おかちまち 역 이름   駅(えき) 역

1_ 「て형」+います는 '~하고 있습니다'라는 뜻으로 현재의 진행 상황을 나
타내는 표현입니다. (☞ 첫째날 02 참조)
우리말로는 '그 가게를 압니까?'라고 해도 통하고 '알고 있습니까?'라고 해도 통
합니다. 그런데 일본어로는 知る(알다)라는 동사를 사용해서 반드시 知って います
か(알고 있습니까?)라고 해야지, 知りますか라고는 하지 않습니다. 대답할 때도 알
고 있는 경우라면 はい、知って います라고 합니다. はい、知ります라고는 하지
않습니다. 모를 경우에는 いいえ、知りません이라고 합니다.

정리	
• 압니까, 알고 있습니까?	→ 知って いますか。
• 네 압니다(알고 있습니다).	→ はい、知って います。
• 아니오, 모릅니다.	→ いいえ、知りません。

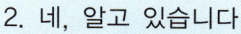
2. 네, 알고 있습니다.

4. 야마노테선을 타고 오까치마찌 역에서 내립니다.

1. 사까이다 씨는 '다케야'라는 가게를 알고 있습니까?

3. '다케야'에는 어떻게 갑니까?

일본어로 말해 보세요!

'다케야'라는 가게를 알고 있습니까?
1. 다이하드(ダイハード) / 영화(えいが)
2. 피카소(ピカソ) / 화가(がか)
3. 모차르트(モーツァルト) / 음악가(おんがくか)

1 위치, 방향, 장소를 나타내는 말을 익혀 보겠습니다.

1. まえ(앞)	2. うしろ(뒤)	3. よこ(옆)

4. みぎ(오른쪽)	5. ひだり(왼쪽)	6. となり(이웃)
7. そば(곁)	8. むこう(건너편)	9. なか(안)
10. そと(밖)	11. まがる(돌다)	12. むく(향하다)
13. とおる(통과하다)	14. でる(나오다)	15. とまる(멈추다)
16. まよう(길을 잃다)	17. さがす(찾다)	

일본에 대한 상식

① 일본은 섬나라

일본을 크게 나누면, 북쪽부터 홋카이도(北海道), 혼슈(本州), 시코쿠(四国), 큐슈(九州) 등 네 개의 섬으로 이루어져 있습니다. 그 외에도 일본에는 7천여 개가 넘는 섬이 있다고 합니다. 일본의 총면적은 377,837km²이며, 필란드나 이탈리아보다 조금 크며 미국의 몬태나주와 비슷합니다.

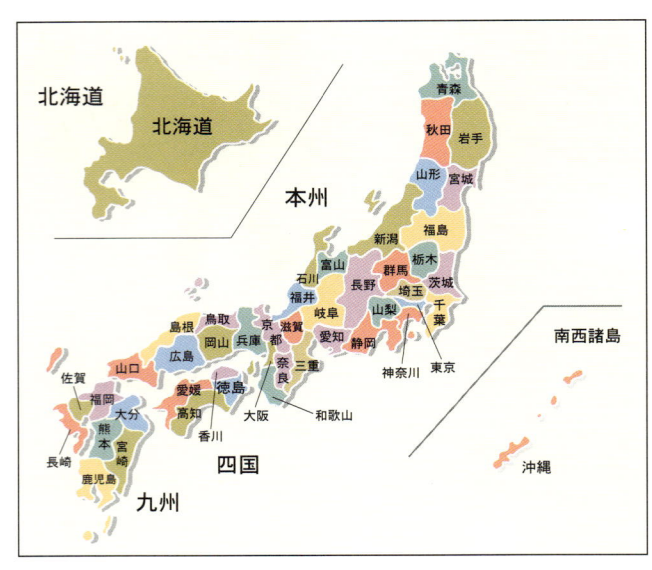

② 일본의 기후

일본은 우리 나라와 같이 사계절의 구분이 뚜렷합니다. 여름은 길고 습도가 높아 매우 후덥지근한 것이 특징이며, 겨울은 우리나라보다 따뜻합니다. 또 일본에는 지진이 자주 발생하기 때문에, 예전부터 지진에 대비해 유연성 있는 목재를 사용한 가옥을 많이 지었습니다.

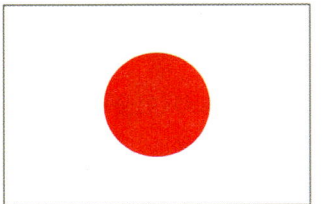

③ 일본의 국기(国旗)는 무엇일까?

일본의 국기는 히노마루(日の丸)라고 합니다. 백지에 붉은 동그라미가 있는 간단한 디자인인데요, 가운데 있는 붉은 동그라미는 태양을 상징합니다. 이것은 옛부터 태양이 떠오르는 근원이 일본이라는 의식에서 나온 것이라고 합니다.

④ 일본의 국가(国歌)는 무엇일까?

우리가 축구경기와 같은 스포츠 경기에서 들을 수 있는 일본의 국가는 기미가요(君が代)입니다. 가사는 '천황의 어세는 천대에서 팔천대까지 조약돌이 바위가 되어 이끼가 낄 때까지…'로, 천황을 찬미하는 내용입니다.

⑤ 지금의 천황(天皇)은 누구인가요?

일본의 현재 천황은 제 125대 천황인 아키히토(明仁)입니다. 일본은 천황이 있기 때문에 연호를 사용하는데요, 지금의 천황이 직위한 1989년이 헤이세이(平成) 1년이 됩니다. 천황은 그 일가와 함께 도쿄 시내의 가장 중심부인 치요다구(千代田区)의 황궁(皇居)에서 살고 있습니다. 참고로 천황의 생일인 12월 23일은 일본의 국가 공휴일이기도 합니다.

⑥ 일본은 성(名字)이 많은 나라

일본인의 성을 컴퓨터를 통해 조사한 자료에 의하면 성은 101,733종이 있고, 이름은 15만 종류가 넘는다고 합니다. 또 가장 많은 성씨는 사토(佐藤), 2위는 스즈끼(鈴木), 3위는 타까하시(高橋), 4위는 다나까(田中), 5위는 와타나베(渡辺)라고 합니다. 참고로 일본 여성은 결혼하면 남편의 성을 따르도록 되어 있습니다.

⑦ 일본인들이 싫어하는 숫자

일본인들은 '4'와 '9'라는 숫자를 싫어하는데요, '4'는 우리나라처럼 죽을 사(死)의 발음이 숫자 4의 발음「し」와 같기 때문이고요, '9'는 일본어로「く」라고 발음되는데, 일본어에서 '쿠루시이(苦しい : 고통스럽다)'와 같이「く」로 시작되는 일부 단어의 의미가 좋지 않아서 싫어한다고 합니다.

셋째날

01_ 동사의 명사 수식
02_ こと
03_ ~が 好きです。
04_ ~と 思います。

 **01 학교에서** 🔘06

アンヘル (안헤루)　これは 先週 私の 描いた 絵です。
(고레와 센슈- 와따시노 카이따 에데스)

ホン (홍)　アンヘルさんは ほんとうに 絵が
(안헤루상 와 혼또-니 에가)

上手ですね。
(죠-즈데스네)

WORDS　描(か)いた 그렸다, 그린　絵(え) 그림　ほんとうに 정말로
上手(じょうず) 솜씨가 뛰어남

 **Point**

1_ 描(か)いた는 描く의 과거형입니다.
　동사의 과거형 뒤에 명사가 오면, 과거형은 명사를 수식합니다.
　즉, 描いた 絵(え)는 '그린 그림' 이라는 뜻이 됩니다.
　📗 1. 食べた 人(ひと)(먹은 사람)　　2. 泣いた 人(な)(운 사람)

　또한 동사원형 뒤에 명사가 올 경우도 동사는 명사를 수식하는 말이 되
　며, 미래를 나타내게 됩니다.
　즉, 描く 絵는 앞으로 '그릴 그림' 이라는 뜻이 됩니다.
　📗 1. 食べる 人(먹을 사람)　　2. 泣く 人(울 사람)

2_ 私の 描いた 絵에서 の는 が로 대신해도 됩니다. 해석은 둘 다 '내가 그린 그림'
　으로, 여기서는 が보다 の를 쓰는 것이 더 일본어다운 표현이 됩니다.
　📗 내가 산 집 → 私の 買(か)った 家(いえ)
　　　내가 만든 요리 → 私の 作(つく)った 料理(りょうり)

이것은 지난 주에 내가 그린 그림입니다.

안헤르 씨는 정말로 그림을 잘 그리는군요.

🫘 일본어로 말해 보세요!

당신은 정말로 그림을 잘 그리는군요.

1. 피아노를 잘 치다.   2. 말(はなし)을 잘 하다.

3. 춤(おどり)을 잘 추다.

1 '~을(를) 잘 한다, 못 한다, 좋아한다, 싫어한다'라는 표현에서 '~을(를)'은 조사 **を** 대신에 **が**를 사용합니다.

1. 그림을 잘 그립니다.   → 絵<u>が</u> 上手です。(○)

　　　　　　　　　　　　絵<u>を</u> 上手です。(×)

2. 그림을 잘 못 그립니다. → 絵<u>が</u> 下手です。(○)

　　　　　　　　　　　　絵<u>を</u> 下手です。(×)

3. 당신을 좋아합니다.   → あなた<u>が</u> 好きです。(○)

　　　　　　　　　　　　あなた<u>を</u> 好きです。(×)

4. 당신을 싫어합니다.   → あなた<u>が</u> きらいです。(○)

　　　　　　　　　　　　あなた<u>を</u> きらいです。(×)

アンヘル　私は 絵を 描く ことが 大好きです。

ホン　私も 絵を 描く ことが 好きです。

でも、上手では ありません。

下手です。

WORDS
描(か)く 그리다　こと 일, 것　大好(だいす)き 매우 좋아함
好(す)き 좋아함　下手(へた) 못함, 서툼

1_ こと는 아주 여러 가지 뜻으로 쓰이는 명사입니다. 여기서는 앞에 나온 명사의 수식을 받아 '〜하는 것, 〜하기'란 뜻으로 쓰인다고 알아 두십시오.
본문의 絵を 描く こと는 '그림 그리는 것, 그림 그리기'로 해석하시면 됩니다.

2_ '〜을(를) 잘 한다, 못 한다, 〜할 수 있다, 할 수 없다, 〜을(를) 좋아하다, 싫어하다' 등의 말이 올 경우에는 を라는 조사를 쓰지 않고 が를 씁니다.
예　英語を できです。(×)　→　英語が できです。(○)

3_ 下手는 '잘 못한다'라는 뜻의 「な형용사」입니다.
「な형용사」가 명사를 수식할 때는 반드시 な를 붙여야 한다고 전에 설명드렸는데 기억이 나시는지요?
'잘하는 사람' 이라는 표현은? 上手な 人입니다.
'못하는 사람' 은? 下手な 人입니다.

나는 그림
그리는 것을
아주 좋아합니다.

나도 그림
그리는 것을 좋아합니다.
하지만, 능숙하지 못합니다.
서툽니다.

일본어로 말해 보세요!

나는 그림 그리는 것을 좋아합니다만, 능숙하지 못합니다.

1. 헤엄치는 것(およぐ こと)
2. 사진을 찍는 것(写真を とる こと)

1 あなたの 趣味は 次の 中で どれですか。

1. 먹는 것	→	食べる こと
2. 자는 것	→	寝る こと
3. 여행하는 것	→	旅行を する こと
4. 피아노 치는 것	→	ピアノを ひく こと
5. 드라이브하는 것	→	ドライブを する こと
6. 영화 보는 것	→	映画を みる こと
7. 산에 오르는 것	→	山に 登ぼる こと
8. 우표를 모으는 것	→	切手を 集める こと
9. 쇼핑하는 것	→	買い物を する こと
10. 책을 읽는 것	→	本を 読む こと

＊趣味(しゅみ) 취미   次(つぎ) 다음   〜中(なか)で 〜중에서

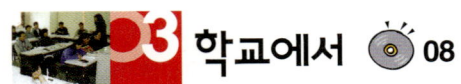

ホン
（흥）
画家の　中では　だれが　好きですか。
가 까 노　나까데 와　다 레 가　스 키 데 스 까

アンヘル
（안 헤 루）
ルノワールが　一番　好きです。
루 노 와 - 루 가　이찌방　스 키 데 스

WORDS	画家(がか) 화가　ルノワール 르느와르
	一番(いちばん) 제일, 가장

Point

1_ 好き, きらい 등은 조사 를 쓰지 않고 ～が 好き, ～が きらい처럼 が를 쓴다고 설명해 드렸습니다.

2_ きらい(싫음), きれい(예쁨)는 겉보기에는 い로 끝나는 「い형용사」처럼 보이지만 「な형용사」입니다.
'예쁜 사람' 이라는 말은 きれい　人라고 하기 쉬운데, きれい가 「な형용사」이므로 명사를 수식할 때는 な를 붙여야 합니다.
따라서 きれいな 人라고 해야 '예쁜 사람' 이라는 바른 표현이 됩니다.

3_ 이제까지 공부하신 것을 포함해 「な형용사」를 다시 한번 익혀 보겠습니다.

1. きれいな(예쁜)
2. 静かな(조용한)
3. 親切な(친절한)
4. 上手な(잘하는)
5. 下手な(못하는)
6. 好きな(좋아하는)
7. きらいな(싫어하는)
8. 丈夫な(튼튼한)
9. 元気な(건강한)
10. らくな(편한)
11. 大変な(대단한)
12. にぎやかな(번화한)

静かなホテル

にぎやかな街

Let's try

화가 중에서는
누구를 좋아합니까?

르느와르를
가장 좋아합니다.

🔔 일본어로 말해 보세요!

A : 화가 중에는 누구를 가장 좋아합니까?

B : 르느와르를 가장 좋아합니다.

1. 피카소(ピカソ)　　　　2. 달리(ダリ)　　　　3. 고흐(ゴッホ)

음악가 중에는 모짜르트를 가장 좋아합니다.

1. 베토벤(ベートーベン)　2. 쇼팽(ショパン)　　　3. 바흐(バッハ)

Level up

1
1. あなたの 好きな 食べ物は なんですか。
2. あなたの 好きな 歌手は だれですか。
3. あなたの 好きな 画家は だれですか。

＊食べ物(たべもの) 음식　　歌手(かしゅ) 가수

アンヘル ^{안 헤 루}　あなたは ルノワールに ついて どう ^{아 나 따 와　루 노 와 ― 루 니　쯔 이 떼　도 ―}
思いますか。 ^{오 모 이 마 스 까}

ホン ^홍　ルノワールは すばらしい 画家だと ^{루 노 와 ― 루 와　스 바 라 시 ―　가 까 다 또}
思います。 ^{오 모 이 마 스}

WORDS

~に ついて ~에 대해서　　どう 어떻게
思(おも)いますか 생각합니까?　　すばらしい 훌륭한

1　~に ついて どう 思(おも)いますか는 '~에 대해서 어떻게 생각합니까?'라는 뜻으로, 여러 가지 말을 만들 수 있는 문형이므로 달달 외워 두십시오.

2　~と 思います는 종지형에 붙여 씁니다.
하지만 종지형 중에서 ~です, ~ます의 공손한 표현에는 붙지 않습니다.
예외 사항은 꼭 암기해 두세요.

예 ・画家だと 思います。　　（○）
　　画家ですと 思います。　（×）

　・行くと 思います。　　（○）
　　行きますと 思います。　（×）

　・行ったと 思います。　　（○）
　　行きましたと 思います。（×）

당신은
르느와르에 대해서
어떻게 생각합니까?

르느와르는
훌륭한 화가라고
생각합니다.

 일본어로 말해 보세요!

당신은 르느와르에 대해서 어떻게 생각합니까?

1. 일본 문학(にほんぶんがく)　　2. 일본인

3. 안헤르 씨　　　　　　　　　4. 이번 선거(こんどの せんきょ)

Level up

1　「な형용사」 총정리

① 명사를 수식할 때는 な를 붙인다.

きれいな 人 (예쁜 사람)

静かな 人 (조용한 사람)

② 「な형용사」로 문장이 끝날 때는 명사처럼 です를 붙인다.

きれいです (예쁩니다)

静かです (조용합니다)

③ 부정문을 만들 때는 な를 떼어 내고 では ないです나 では ありません을 붙인다.

きれいでは ないです (예쁘지 않습니다)

静かでは ありません (조용하지 않습니다)

④ 두 문장을 한 문장으로 연결할 때는 な를 떼어 내고 で를 붙인다.

きれいで、静かな 人です (예쁘고 조용한 사람입니다)

넷째날

01_ 〜に なる
02_ て형+います。
03_ 〜が ほしい

 ## 학교 휴게실에서 🔘10

アンヘル (안 헤 루)
ホンさんの 趣味は 何ですか。
(홍 산 노 슈 미 와 난 데 스 까)

ホン (홍)
私の 趣味は ピアノを ひく ことです。
(와따시노 슈 미 와 피 아 노 오 히 꾸 꼬 또 데 스)

私の 夢は ピアニストに なる ことです。
(와따시노 유메와 피 아 니 스 토 니 나 루 꼬 또 데 스)

> 趣味(しゅみ) 취미   夢(ゆめ) 꿈   ひく (피아노를) 치다
> ピアニスト 피아니스트

Point

1_ **〜に なる ことです**는 '〜가 되는 것입니다'라는 뜻으로, 〜が なる
ことです라고 하기 쉽지만, なる라는 동사는 앞에 조사 に 또는 と만 취합니다.
乗(の)る(타다)라는 동사도 〜を 乗る가 아니라 〜に 乗る라고 하고, 会(あ)う(만나다)도
〜を 会う가 아니라 〜に 会う라고 해야 합니다.

心理テスト!!

남자 얼굴이 그려져 있는 그림이 1장 있습니다. 이 그림에 한 가지 악센트를 준다면?

1. めがね(안경)

2. ぼうし(모자)
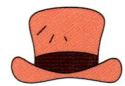

3. ひげ(수염)

4. なみだ(눈물)

Let's try

홍 양의 취미는
무엇입니까?

내 취미는
피아노를 치는 것입니다.
나의 꿈은 피아니스트가
되는 것입니다.

일본어로 말해 보세요!

나의 꿈은 피아니스트가 되는 것입니다.
1. 디자이너(デザイナー)   2. 엔지니어(エンジニア)
3. 간호사(かんごふ)   4. 대통령(だいとうりょう)

心理テスト!! 분석결과

'뭐니뭐니 해도 남자는 이래야 한다' 고 생각하는 남성에 관한 당신의 가치관을 알 수 있는 테스트입니다. 즉 무의식 중에 당신이 어떤 남자를 남자다운 남자라고 생각하고 있는지를 알 수 있습니다.

1. めがね / 知性(ちせい) 지성

2. ぼうし / 精力(せいりょく) 정력

3. ひげ / 権威(けんい) 권위

4. なみだ / 情緒(じょうちょ) 정서

 **02** 학교 휴게실에서 🔘 11

アンヘル
_{안 헤루}
今、どんな ピアノを 使って いますか。
_{이마　돈 나　피아노오　쯔깟 떼 이마스 까}

ホン
_홍
ちょっと 古い ピアノです。新しい
_{촛 또 후루이 피아노데스 아타라시 -}

ピアノを 買いたいと 思って います。
_{피아노오 카 이 따이또 오못 떼 이마스}

WORDS

使(つか)って いる 쓰고 있다　どんな 무슨, 어떤

ちょっと 좀, 조금　古(ふる)い 낡다　新(あたら)しい 새롭다

買(か)いたい 사고 싶다

1_ 「て형」+います는 '～하고 있습니다' 라는 뜻입니다.

연습　1. 思う(생각하다) → 思って います(생각하고 있습니다)

　　　2. 食べる(먹다)　 → 食べて います(먹고 있습니다)

　　　3. する(하다)　　 → して います(하고 있습니다)

2_ 「ます형」+たい는 '～하고 싶다' 라는 뜻입니다.

연습　1. 買う(사다)　 → 買います(삽니다)　 → 買いたい(사고 싶다)

　　　2. 食べる(먹다) → 食べます(먹습니다) → 食べたい(먹고 싶다)

　　　3. する(하다)　 → します(합니다)　 → したい(하고 싶다)

3_ ピアノを 買いたい와 ピアノが 買いたい의 차이점

'～하고 싶다' 라는 표현은 보통 ～が ～たい라고 쓰지만, ～を ～たい라고 하는 경우도 있습니다.

예　1. ピアノを 買いたい (→ 보다 구체적인 희망을 나타낼 때)

　　2. ピアノが 買いたい (→ 막연한 희망을 나타낼 때)

Let's try

지금 어떤 피아노를
사용하고 있습니까?

좀 낡은 피아노입니다.
새 피아노를 사고 싶다고
생각하고 있습니다.

 일본어로 말해 보세요!

새 피아노를 사고 싶다고 생각하고 있습니다.
1. 자동차(くるま)   2. 집(いえ)
3. 컴퓨터(パソコン)

Level up

1 買いたい もの(사고 싶은 것)
1. ようふく(양복)   2. ステレオ(스테레오)
3. けいたいでんわ(휴대 전화)   4. デジタルカメラ(디지털 카메라)
5. ビデオカメラ(비디오 카메라)

食べたい もの(먹고 싶은 것)
1. カルビ(갈비)   2. れいめん(냉면)
3. さしみ(생선회)   4. スパゲッティ(스파게티)
5. ラーメン(라면)

飲みたい もの(마시고 싶은 것)
1. コーラ(콜라)   2. ジュース(주스)
3. ビール(맥주)   4. おさけ(술)

捨てたい もの(버리고 싶은 것)
1. よくばり(욕심)   2. しっとしん(질투심)
3. みえっぱり(허영)

^{안 헤루}
アンヘル　^{돈　나　피아노가　카이따이데스까}
どんな ピアノが 買いたいですか。

^홍
ホン　^{야마하노　피아노가　호시－데스}
「ヤマハ」の ピアノが ほしいです。

WORDS　　ヤマハ 야마하(악기 회사명)　　ほしい 갖고 싶다, 원하다

 **Point**

1 **ほしい**처럼 희망을 나타내는 말은 조사 **を**를 사용하지 않고 **が**를 씁니다.

　예 피아노를 갖고 싶다　→　ピアノを ほしい (×)
　　　　　　　　　　　　　→　ピアノが ほしい (○)

또한 「**て형**」+**ほしい**는 '~하기 바란다, ~해 주면 좋겠다'라는 말이
됩니다.

　예 주의하기 바란다　→　^{ちゅう い}注意して ほしい
　　와 주면 좋겠다　→　^き来て ほしい

2 악기에 관한 단어를 익혀 보겠습니다.

1. オルガン (오르간)	2. タンバリン (탬버린)	3. ハーモニカ (하모니카)

　　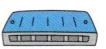

4. バイオリン (바이올린)	5. チェロ (첼로)	6. トランペット (트럼펫)

7. キーボード (키보드)	8. クラリネット (클라리넷)	9. フルート (플루트)

일본어로 말해 보세요!

「야마하」 피아노를 갖고 싶습니다.

1. キャノンの デジタルカメラ(캐논 디지털 카메라)
2. ポルシェの くるま(포르쉐 자동차)
3. パイオニアの ステレオ(파이오니아 스테레오)
4. モトローラの けいたいでんわ(모토로라 휴대 전화)

1 다음 동사를 '~하고 싶다'라는 말로 바꾸어 보세요.

1. 見る(보다)　　→ (　　　　　　　　)
2. 行く(가다)　　→ (　　　　　　　　)
3. 会う(만나다)　→ (　　　　　　　　)
4. 来る(오다)　　→ (　　　　　　　　)
5. 寝る(자다)　　→ (　　　　　　　　)
6. 泣く(울다)　　→ (　　　　　　　　)
7. 死ぬ(죽다)　　→ (　　　　　　　　)
8. 帰る(돌아가다)→ (　　　　　　　　)
9. やる(하다)　　→ (　　　　　　　　)
10. 聞く(듣다)　　→ (　　　　　　　　)

<ruby>晴<rt>は</rt></ruby>れる・<ruby>晴<rt>は</rt></ruby>れ
맑다・맑음

<ruby>曇<rt>くも</rt></ruby>る・<ruby>曇<rt>くも</rt></ruby>り
흐리다・흐림

▶ **<ruby>天気予報<rt>てん き よ ほう</rt></ruby>** 일기 예보

▶ **<ruby>空<rt>そら</rt></ruby>** 하늘

▶ **<ruby>空気<rt>くう き</rt></ruby>** 공기

▶ **<ruby>虹<rt>にじ</rt></ruby>** 무지개

▶ **<ruby>雲<rt>くも</rt></ruby>** 구름

▶ **<ruby>雨<rt>あめ</rt></ruby>** 비

▶ **<ruby>雪<rt>ゆき</rt></ruby>** 눈

▶ **<ruby>風<rt>かぜ</rt></ruby>** 바람

▶ **<ruby>露<rt>つゆ</rt></ruby>** 이슬

<ruby>雨<rt>あめ</rt></ruby>が <ruby>降<rt>ふ</rt></ruby>る
비가 오다

<ruby>雪<rt>ゆき</rt></ruby>が <ruby>降<rt>ふ</rt></ruby>る
눈이 오다

<ruby>晴<rt>は</rt></ruby>れる
개다

우르릉쾅

<ruby>稲妻<rt>いなずま</rt></ruby>   **<ruby>雷<rt>かみなり</rt></ruby>**
번개   천둥

<ruby>風<rt>かぜ</rt></ruby>が <ruby>吹<rt>ふ</rt></ruby>く
바람이 불다

<ruby>地震<rt>じ しん</rt></ruby>
지진

<ruby>洪水<rt>こうずい</rt></ruby>
홍수

春 봄
_{はる}

▶ 暖かい 따뜻하다
_{あたた}

▶ 桜 벚꽃
_{さくら}

▶ 花見 벚꽃놀이
_{はな み}

夏 여름
_{なつ}

▶ 暑い 덥다
_{あつ}

▶ むし暑い 무덥다
_{あつ}

▶ 汗 땀
_{あせ}

▶ 雨 비
_{あめ}

▶ 梅雨 장마
_{つ ゆ}

▶ 傘 우산
_{かさ}

秋 가을
_{あき}

▶ 涼しい 시원하다
_{すず}

▶ 風 바람
_{かぜ}

▶ 落ち葉 낙엽
_{お ば}

冬 겨울
_{ふゆ}

▶ 寒い 춥다
_{さむ}

▶ 雪 눈
_{ゆき}

▶ 氷 얼음
_{こおり}

掛け軸 か じく 족자

生け花 い ばな 꽃꽂이

床の間 とこ ま
도코노마

障子 しょうじ
장지

畳 たたみ 다타미

座布団 ざ ぶ とん 방석

▶ 床の間 とこ ま 도코노마
일본식 방의 상좌(上座)에 바닥을 한층 높게 만든 곳으로 벽에는 족자를 걸고,
바닥에는 꽃이나 장식물 등을 꾸며 놓음.

まど
窓 창문

カーテン 커튼

てんじょう
天井 천장

ほん
本だな 책꽂이

スタンド 스탠드

まくら
枕 베개

ベッド 침대

もうふ
毛布 담요

シーツ 시트

다섯째날

01_ 동사의 명사 수식
02_ ~하러

 **01 학교 휴게실에서** 🔘 13

ホン
あなたの 趣味は 何ですか。
(아나따노 슈미와 난데스까)

アンヘル
私の 趣味は 絵を 描く ことと、写真を
とる ことです。
(와따시노 슈미와 에오 카꾸 꼬또또 샤싱오 토루 꼬또데스)

WORDS　　趣味(しゅみ) 취미　　写真(しゃしん) 사진　　とる (사진을) 찍다

1_ 描く こと처럼 명사 앞에 동사가 있으면 동사는 명사를 수식하는 말이 됩니다. 동사가 형용사 역할을 하는 것입니다.
그럼, 명사를 수식하는 방법을 정리해 보겠습니다.

예　やさしい ひと　　→ 상냥한 사람 (い형용사)
やさしかった ひと　→ 상냥했던 사람 (い형용사 과거)
しんせつな ひと　　→ 친절한 사람 (な형용사)
くる ひと　　　　　→ 올 사람 (동사)
きた ひと　　　　　→ 온 사람 (동사 과거)

당신의 취미는 무엇입니까?

나의 취미는 그림을 그리는 것과 사진을 찍는 것입니다.

 일본어로 말해 보세요!

나의 취미는 책을 읽는 것과 음악을 듣는 것입니다.

1. 영화 보는 것 / 텔레비전 보는 것
2. 먹는 것 / 자는 것

1 「こと」의 사용법

こと는 우리말의 '~것/일/적' 이라는 뜻입니다. 문법 용어로는 「형식명사」라고 합니다. 예문을 통해 こと의 여러 가지 사용법을 알아 보겠습니다.

大変な こと に なった　　(큰 일이 났다)

食べた こと が ない　　(먹은 적이 없다)

いそぐ こと は ない　　(서두를 필요는 없다)

行く こと に なる　　(가는 것이 되다 → 가게 되다)

 **02** 학교 휴게실에서 ◎ 14

안 헤루
アンヘル　아 시 따　우에노코ー엥 에　샤싱오　토 리 니
あした、上野公園へ 写真を とりに

이 끼 마 셍　까
行きませんか。

홍
ホン　잇 떼　미 따 이 데 스 네　츠 레 떼　잇 떼
行って みたいですね。 つれて いって

쿠 다 사 이
ください。

WORDS

上野(うえの) 우에노(지명)　公園(こうえん) 공원
行(い)きませんか 가지 않겠습니까?　つれて いく 데리고 가다

 **Point**

1 つれ**て** いっ**て** ください는 「て형」이 두 번이나 연결되어 있는 말로, '데
리고 가 주세요'라는 뜻입니다. '먹어 보세요'라는 표현은 어떻게 할까요? '먹
다(食べる)'와 '보다(見る)'와 '～해 주세요(～て ください)'는 알고 계시지요?
그러면 연결만 하면 되는데 이럴 경우에 「て형」을 사용합니다. 즉, 食べ**て** み**て** く
ださい가 됩니다. 이때 見る는 눈으로 보는 것이 아닌 '시도'의 의미이므로 히라가
나로 써야 합니다.

心理テスト!!

あなたは 無人島へ 行く ことに なりました。
ただ、もって いく 物は 一つだけです。
あなたは どれを もって いきますか。

1. ほん(책)

2. ウォークマン(워크맨)

3. たね(씨앗)

4. マッチ(성냥)

5. かがみ(거울)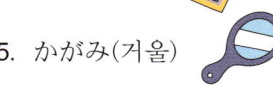

* む じんとう
無人島 무인도　ただ 단지　～だけ ～만, ～뿐

내일
우에노 공원에
사진 찍으러 가지
않겠습니까?

가 보고 싶군요.
데리고 가 주세요.

일본어로 말해 보세요!

A : 내일 바다를 보러 가지 않겠습니까?

B : 네, 가 보고 싶군요.

1. 영화를 보러   2. 선생님을 만나러   3. 그림을 그리러

 분석결과

결혼상대(けっこんの あいて)에게 다른 것은 양보할 수 있어도 최소한 이것만은 결코 양보할 수 없다고 생각하는 조건이 있을 것입니다.

이 테스트를 통해 그 최소한의 조건이 무엇인가를 알 수 있다는데…

그 분석 결과는 다음과 같습니다.

1. ほん   → 무식한 사람하고는 절대 결혼할 수 없다.

2. ウォークマン → 유머가 있고, 만나면 재미있는 사람이어야 한다.

3. たね   → 돈은 없어도 좋으니 애정만큼은 있어야 한다.

4. マッチ   → 활동적이며 정열이 넘치는 사람이어야 한다.

5. かがみ   → 다 좋아도 못생겨서는 안 된다.

여섯째날

01_ ~たり しては いけません。
02_ 동사 과거형의 명사 수식
03_ ~と いって います。

 **우에노 공원에서** 🔘15

アンヘル 　きれいな しばふですね。
　　　　　入っても いいかな。

ホン 　そうですね。入っても いいと 思いますが、
　　　　　しばふの 上で うんどうしたり しては
　　　　　いけないでしょうね。

WORDS
しばふ 잔디밭　　入(はい)っても 들어가도　　いいかな 괜찮을까?
そうですね 글쎄요　　~しては ~해서는　　いけない 안 된다

 **Point**

1_ 「て형」+も는 '~해도'라는 뜻이 됩니다. 본문의 入っても는 '들어가도'라는 뜻입니다.

2_ 入る는 '~에 들어가다'라는 뜻의 「1그룹동사」이므로, はいる의 「て형」은 はいて가 아니고 はいって가 됩니다.

3_ いいかな의 な는 하고 싶은 충동을 혼잣말처럼 말하는 것을 나타냅니다.

4_ ~たり しては いけません은 '~하거나 해서는 안 됩니다'라는 뜻의 중요한 문형입니다. 꼭 암기해 두세요.

　연습 　1. 먹거나 해서는 안 됩니다. → 食べたり しては いけません。
　　　　　2. 울거나 해서는 안 됩니다. → 泣いたり しては いけません。

아름다운
잔디밭이군요.
(잔디밭에) 들어가도
괜찮을까?

네. 들어가도
된다고 생각합니다만,
잔디밭 위에서
운동하거나 해서는
안 되겠지요.

 일본어로 말해 보세요!

잔디밭에 들어가도 괜찮을까?

1. 먼저(さきに) 먹어도   2. 많이 마셔도

3. 텔레비전을 봐도   4. 공부 안 해도

1_ '~해서는 안 됩니다' 라는 표현을 연습해 보겠습니다. 밑줄 친 부분은 「て형」입니다.

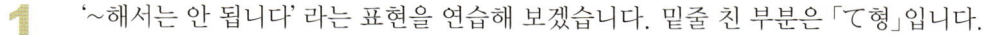

연습 1. 술을 마셔서는 안 됩니다.   → おさけを 飲んでは いけません。

2. 여기서 자면 안 됩니다.   → ここで 寝ては いけません。

3. 아직 돌아가서는 안 됩니다.   → まだ 帰っては いけません。

4. 들어가서는 안 됩니다.   → 入っては いけません。

02 우에노 공원에서 🔘16

안 헤 루
アンヘル　　홍 상 아 노 헨 니 기 모 노 오 키 따
ホンさん、あの へんに きものを 着た

가 와 이 - 온 나 노 꼬 가 이 마 스 네
かわいい 女の子が いますね。

아 노 꼬 또 잇 쇼 니 샤 싱 오
あの 子と いっしょに 写真を

토 리 따 이 데 스 네
とりたいですね。

흥
ホン　　아 노 꼬 노 오 까 - 산 니 타 논 데
あの 子の おかあさんに たのんで

미 마 쇼 -
みましょう。

WORDS	
~へんに ~근처에　 きもの 일본 옷, 기모노　 着(き)た 입은	
かわいい 귀엽다　 女の子(おんなのこ) 여자 아이	
とりたい 찍고 싶다　 たのむ 부탁하다	

1　着たは 着る(입다)의 과거형으로, 본문에서는 かわいい 女の子(귀여운 여자 아이)
를 수식하고 있습니다.

2　다음 질문에 무조건 부정의 대답을 해 보세요.

1. おさけを 飲んでも いいですか。

→ いいえ、

2. もう 帰っても いいですか。

→ いいえ、

3. これ、食べても いいですか。

→ いいえ、

홍 양,
저 근처에 기모노를 입은
귀여운 여자 아이가 있네요.
저 아이와 함께 사진을
찍고 싶군요.

저 아이의
어머니에게
부탁해 봐요!

🍌 일본어로 말해 보세요!

부탁해 봐요!

1. 물어(聞く)　　　2. 가(行く)　　　3. 만져(さわる)

1 다음 빈칸을 채워 넣으세요.

동사 원형	ます형	て형	た형	ない형
	おもいます		おもった	
		はいって		はいらない
	します			しない
たのむ		たのんで		
	かきます		かいた	
つかう		つかって		

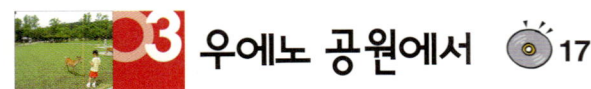 **03 우에노 공원에서** 🔘17

ホン
<ruby>あのう<rt>아노ー</rt></ruby>、<ruby>この<rt>고노</rt></ruby> <ruby>人<rt>히또</rt></ruby>が <ruby>お子さん<rt>오꼬산</rt></ruby>と <ruby>いっしょ<rt>잇쇼</rt></ruby>に
<ruby>写真<rt>샤싱</rt></ruby>を <ruby>うつしたい<rt>우쯔시따이</rt></ruby>と <ruby>いって<rt>잇떼</rt></ruby> <ruby>いますが<rt>이마스가</rt></ruby>、
<ruby>いいでしょうか<rt>이ー데쇼ー까</rt></ruby>。

<ruby>おばさん<rt>오바상</rt></ruby>   <ruby>ええ<rt>에ー</rt></ruby>、<ruby>どうぞ<rt>도ー조</rt></ruby>。

WORDS

あのう 저~ (있잖아요)   お子(こ)さん 자녀분
うつしたい (사진을) 찍고 싶다   おばさん 아주머니

1_ **いって います**는 '말하고 있습니다'라는 뜻으로 남의 말을 전할 때 쓰는 문형입니다. '먹고 싶다고 말하고 있습니다'라는 표현은 食べたいと いって います가 됩니다.

2_ **ええ**는 はい와 같은 뜻으로 친하거나 격식이 없는 사이에서 주로 사용합니다. 따라서 はい를 써야 할지 ええ를 써야 할지 자신이 없을 때는 그냥 はい를 쓰는 것이 무난합니다.

🤔**心理テスト‼**

다음 질문에 대답해 보세요.

1. どうぶつの なかで いちばん すきな どうぶつは なんですか。
2. その どうぶつが すきな りゆうは なんですか。
3. その つぎに すきな どうぶつは なんですか。
4. その りゆうは なんですか。

＊どうぶつ 동물   りゆう 이유   つぎに 다음으로

저~, 이 사람이
자녀분과 함께 사진을 찍고
싶다고 말하고 있습니다만,
괜찮겠습니까?

네,
그렇게 하세요.

 일본어로 말해 보세요!

이 사람이 당신과 이야기하고 싶다고 말하고 있습니다만, 괜찮겠습니까?

1. 친구가 되고 싶다고 (ともだちに　なりたいと)

2. 식사를 하고 싶다고 (しょくじを　したいと)

3. 여행을 하고 싶다고 (りょこうを　したいと)

4. 영화를 보러 가고 싶다고 (えいがを　みに　いきたいと)

心理テスト!! 분석결과

당신이 결혼 상대자로 어떤 타입의 사람을 좋아하고 있는가를 알 수 있다고 합니다.

가장 좋아하는 동물과 그 이유는 바로 당신이 생각하고 있는 자신의 모습입니다.

예를 들어 잘 따르고 귀엽기 때문에 강아지를 좋아한다고 대답한 사람은 자기 자신이 상냥하고 귀엽다고 생각하고 있는 것입니다.

두 번째로 좋아하는 동물로 알 수 있는 것은 당신이 어떠한 스타일의 상대를 좋아하고 있는가입니다.

예를 들어 조용하고 착하고 귀여워 새끼양을 좋아한다고 대답한 경우는 조용하고 착하고 귀여운 상대를 좋아한다는 뜻입니다. 묵묵히 일만 하는 소가 좋다고 대답한 사람은 소처럼 묵묵히 자기 일을 하는 성실한 상대를 좋아한다고 분석할 수 있습니다.

코에 걸면 코걸이, 귀에 걸면 귀걸이 식으로 해석하기 나름이니 재미있게 분석해 보세요.

도쿄에서 쇼핑을 한다면 이곳에서

① 신주꾸(新宿)

신주꾸는 도쿄에서 가장 번화한 거리라고도 할 수 있는데요, 신주꾸역 주변에서 신주꾸역 히가시구찌(東口) 방면에 걸쳐 백화점, 쇼핑센터, 다목적 빌딩 등이 길게 늘어서 있어 쇼핑하기에 매우 편리합니다. 또 니시구찌(西口) 근처에는「ビックカメラ」,「ヨドバシカメラ」와 같은 전자제품 전문상가들이 있어 저렴한 가격으로 여러 가지 물건을 고를 수 있습니다.

② 이케부꾸로(池袋)

이케부꾸로역에서 히가시구찌(東口) 방면으로 나가면 선샤인시티(サンシャイン・シティー)라는 쇼핑·오락·문화의 거대한 복합 시설이 있는데요, 한 건물에서 다양한 문화를 즐길 수 있고, 건물 위층에는 거대한 수족관과 전망대도 있습니다.

③ 긴자(銀座) · 유락쵸(有楽町)

옛날부터 쇼핑가로 유명한 긴자에서 유락쵸에 걸친 지역에는 여러 곳에 백화점과 다목적 빌딩, 많은 종류의 전문점이 늘어서 있는데요, 다른 곳과는 다른 번화하면서 고급스런 분위기도 느낄 수 있는 곳입니다.

④ 니혼바시(日本橋)

금융과 상업의 중심구로서 일본 은행(日本銀行)을 비롯한 금융기관이 많고, 일본을 대표하는 두 개의 오래된 백화점 미츠코시와 다카시마야의 본점이 자리잡고 있는 쇼핑의 중심가입니다.

⑤ 시부야(渋谷)·아오야마(青山)·하라주꾸(原宿)

시부야에는 도큐(東急)백화점·세이부(西武)백화점을 비롯한 대형점포들이 늘어서 있고, 뷰티크 전문점들이 많아, 항상 젊은이들로 붐빕니다. 아오야마와 하라주꾸는 패션의 발상지라고 할 수 있는데요, 옷 가게들이 늘어서 있는 하라주꾸의 다께시따도오리(竹下通り)에서 하라주꾸의 명물인 크레페를 먹으며 아이쇼핑만 해도 하루가 다 간답니다.

⑥ 우에노(上野)

도쿄의 북쪽 현관인 우에노역 부근에 아메야요꼬쵸(アメヤ横町)라는 시장이 있는데요, 이곳은 대형 재래시장으로서 생선과 야채 등의 식품과 잡화 등을 싸게 파는 곳으로 아주 유명하고, 시장을 중심으로 할인상점들이 늘어서 있어 일본의 서민적인 모습을 볼 수 있는 곳입니다.

⑦ 아사꾸사(浅草)

일본에서 전통적인 기념품을 사고 싶다면 이곳으로 갑시다. 아사꾸사는 센소지(浅草寺)를 비롯해 일본 에도시대의 정취가 남아 있는 곳으로, 다양한 종류의 물건들이 진열되어 있는 100여개 이상의 기념품점들과 전통과자점들이 늘어서 있습니다. 아사꾸사에는 인력거를 끄는 사람들을 볼 수 있는데요, 인력거를 타고 아사꾸사를 구경하는 것도 좋겠지요.

일곱째날

 우에노 공원에서 🔊18

おばさん
(오바상)
ももこちゃん、お兄さんの そばに
(모모꼬 짱) (오니-산 노 소바니)
すわりなさい。さあ、お姉さんの 方を
(스와리나사이) (사-) (오네-산 노 호-오)
みなさい。うごいては だめですよ。
(미나사이) (우고이떼와 다메데스요)

ホン
(홍)
さあ、こちらを むいて。
(사-) (고찌라오 무이떼)
はい、チーズ。
(하이 치-즈)

WORDS

~ちゃん ~군, ~양   すわる 앉다   ~なさい ~하세요
さあ 자~   方(ほう) 쪽, 방향   うごいては 움직여서는
だめです 안 됩니다   むいて 향해!   チーズ 치즈

1_ ~ちゃん은 ~さん과 같이 성이나 이름 뒤에 붙여 쓰는 말로, 친밀감을 나타내는 표현입니다. 주로 어린이에게 쓰는 호칭이지만, 친한 친구 사이에서는 어린이가 아니라도 사용합니다.

2_ 「ます형」+なさい는 '~하세요'라는 뜻의 비교적 강한 어투의 명령문입니다.
주로 자신의 자녀에게나 선생님이 아이들을 엄하게 대할 때 쓰는 말이므로, 손윗사람에게는 사용하지 않는 것이 좋습니다.

3_ むいて는 むく(향하다)의 「て형」으로, 「て형」그 자체만으로 명령형이 됩니다.
1. やって(해!)   2. 買って(사!)   3. やめて(그만둬!)

모모꼬 양,
오빠 곁에 앉아요.
자~, 언니 쪽을 봐요!
움직여서는
안 돼요.

자~,
이쪽을 봐요.
치~즈

 일본어로 말해 보세요!

A : 움직여도 좋습니까?
B : 아니오, 움직여서는 안 돼요.
1. 먹다   2. 가다   3. 이야기하다(はなす)

1_ 명령에는 여러 종류가 있습니다.
예문과 같이 다음 동사를 점점 더 강한 명령문으로 만들어 보세요.

예 おきる(일어나다)
→ おきて ください(일어나 주세요)
→ おきて(일어나요!)
→ おきなさい(일어나!)

1. はなす(놓다) → 놓아 주세요 → 놓아 줘요! → 놔!
2. やめる(그만두다) → 그만두세요 → 그만둬요! → 그만해!
3. はらう(지불하다) → 지불해 주세요 → 지불해요! → 지불해!
4. おくる(보내다) → 보내 주세요 → 보내요! → 보내!
5. とめる(세우다) → 세워 주세요 → 세워요! → 세워!

02 우에노 공원에서 ◎ 19

おばさん(오바상) 日本へ きてから どのくらい たちましたか。
(니 홍에 키 떼까라 도노쿠라이 타찌마시따까)

アンヘル(안 헤루) まだ、6か月しか たって いません。
(마다 록까게쯔시까 닷 떼 이마셍)

WORDS

どのくらい 어느 정도   たつ (세월이) 지나다   まだ 아직
6カ月(ろっかげつ) 6개월   ~しか ~밖에
たって いません 지나지 않았습니다

1_ 「て형」+からは '~하고 나서' 라는 뜻입니다.

예 1. おさけを 飲んでから (술을 마시고 나서)
   2. ごはんを 食べてから (밥을 먹고 나서)
   3. にほんへ 来てから (일본에 오고 나서)

2_ 「て형」+います는 '~하고 있습니다' 라는 뜻이고, 「て형」+いません은 '~하고 있지 않습니다' 라는 뜻입니다.

3_ ~しか는 '~밖에' 라는 뜻으로 뒤에 부정문이 와서 적다는 느낌을 나타냅니다.

연습 1. 100엔밖에 갖고 있지 않습니다. → 100えんしか もって いません。
   2. 반밖에 남아 있지 않습니다.   → はんぶんしか のこって いません。

~しか의 반대말은 ~も입니다. '~(이)나' 라는 뜻으로 뒤에 긍정문이 옵니다.

연습 1. 100엔이나 갖고 있습니다.   → 100えんも もって います。
   2. 반이나 남아 있습니다.   → はんぶんも のこって います。

일본에 오고 나서 어느 정도 지났습니까?

아직 6개월밖에 지나지 않았습니다.

 일본어로 말해 보세요!

일본에 오고 나서 어느 정도 지났습니까?

1. 선생님이 되고 나서   2. 결혼하고 나서

3. 졸업(そつぎょう)하고 나서

1_ 「て형」에 연결해서 쓰는 말에 대해 정리해 봅시다.

1. 「て형」+ください (~해 주십시오) → 食べて <u>ください</u> (먹어 주십시오)

2. 「て형」+から (~하고 나서)   → 食べて<u>から</u> (먹고 나서)

3. 「て형」+います (~하고 있습니다) → 食べて <u>います</u> (먹고 있습니다)

4. 「て형」+は (~해서는)   → 食べて<u>は</u> (먹어서는)

5. 「て형」+も (~해도)   → 食べて<u>も</u> (먹어도)

「ます형」에 연결해서 쓰는 말에 대해 정리해 봅시다.

1. 「ます형」+に (~하러)   → 食べ<u>に</u> (먹으러)

2. 「ます형」+たい (~하고 싶다) → 食べ<u>たい</u> (먹고 싶다)

「た형」에 연결해서 쓰는 말에 대해 정리해 봅시다.

1. 「た형」+り (~하기도 하고) → 食べ<u>たり</u> (먹기도 하고)

2. 「た형」+명사 (~한)   → 食べた <u>ひと</u> (먹은 사람)

03 우에노 공원에서 🔘 20

おばさん <small>오바상</small>	りゅうがく せいかつは どうですか。 <small>류ー가꾸 세ー까쯔와 도ー데스까</small>
	たいへんでしょう。 <small>다이헨데쇼ー</small>
アンヘル <small>안헤루</small>	ええ、ここでは いろいろな ことを <small>에ー 고꼬데와 이로이로나 꼬또오</small>
	じぶんで やらなければ なりませんから、 <small>지분데 야라나께레바 나리마셍 까라</small>
	はじめは こまりました。 <small>하지메와 코마리마시따</small>

WORDS

せいかつ 생활　ここでは 여기서는　じぶんで 자기 스스로
やらなければ 하지 않으면　はじめは 처음에는　こまる 곤란하다

1_ 오늘의 학습포인트는 '~하지 않으면' 이라는 뜻의 가정법을 익히는 것입니다.
1권에서 「ない형」을 배우셨는데, 기억이 나시나요?(☞ 스물넷째날 01 참조)
다시 한번 복습을 하면, 「1그룹동사」는 동사 원형에서 끝의 [u]발음을 [a]로 바꾸고
ない를 붙였습니다.

예 行く → 行かない　　　　やる → やらない

「2그룹동사」는 끝의 る를 떼어 버리고 ない만 붙이면 되었고, 「3그룹동사」는 こな
い(くる), しない(する) 두 가지만 외우면 됩니다.
'~하지 않으면' 이라는 가정법은 「ない형」에서 い를 떼어 내고, **ければ**를 붙
이면 됩니다.

연습　[1그룹] いく　→ いかない + ければ → いかなければ (가지 않으면)
　　　[2그룹] たべる → たべない + ければ → たべなければ (먹지 않으면)
　　　[3그룹] する　→ しない + ければ　→ しなければ (하지 않으면)

네, 여기서는
여러 가지 일을 자기 스스로
하지 않으면 안 되어서,
처음에는 힘들었습니다.

유학 생활은
어떻습니까?
힘들지요?

 일본어로 말해 보세요!

자기 스스로 하지 않으면 안 되어서, 처음에는 힘들었습니다.

1. 가지 않으면   2. 공부하지 않으면

3. 만들지 않으면

1_ 각 그룹별 동사의 가정형 만드는 법을 정리해 보겠습니다.

	동사 원형	ない형	가정형
1그룹동사	か<u>う</u>	か<u>わ</u>ない	か<u>わ</u>なければ
	い<u>く</u>	い<u>か</u>ない	い<u>か</u>なければ
	や<u>る</u>	や<u>ら</u>ない	や<u>ら</u>なければ
	はな<u>す</u>	はな<u>さ</u>ない	はな<u>さ</u>なければ
	の<u>む</u>	の<u>ま</u>ない	の<u>ま</u>なければ
2그룹동사	<u>み</u>る	<u>み</u>ない	<u>み</u>なければ
3그룹동사	くる	こない	こなければ
	する	しない	し<u>なければ</u>

여덟째날

01 우에노 공원에서  21

アンヘル (안 헤루)
国に いた 時、家では 自分の へやの
(쿠니 니 이 따 또끼 이에 데 와 지분노 헤야노)
掃除も しませんでしたから、ほんとうに
(소-지 모 시 마 센 데 시 따 까라 혼 또-니)
大変でした。
(다이 헨 데 시 따)

おばさん (오 바 상)
食事も 自分で 作らなければ なりませんか。
(쇼꾸지 모 지분데 쯔꾸 라 나 께 레 바 나 리 마 셍 까)

WORDS

国(くに) 고국   いた 時(とき) 있었을 때
自分(じぶん) 자기, 자신   掃除(そうじ) 청소
本当(ほんとう)に 정말로   食事(しょくじ) 식사
作(つく)らなければ 만들지 않으면

1_ 〜なければ なりません은 '〜하지 않으면 안 됩니다' 라는 뜻의 문형입니다.

2_ 지금까지 배운 문형들입니다. たべる라는 동사에 연결하여 일본어로 옮기세요.

1. 먹고 나서 마셔!
2. 먹어서는 안 됩니다.
3. 먹어도 좋습니다.
4. 먹으러 갑시다.
5. 먹고 싶습니다.
6. 먹고 있습니다.
7. 먹기도 하고 마시기도 합니다.
8. 먹은 것은 무엇입니까?
9. 먹지 말아 주세요.
10. 먹지 않으면 안 됩니다.

고국에 있었을 때, 집에서는 내 방 청소도 하지 않았으니까 정말로 힘들었습니다.

식사도 자기가 만들지 않으면 안 됩니까?

일본어로 말해 보세요!

A : 식사를 만들지 않으면 안 됩니까?

B : 네, 만들지 않으면 안 됩니다.

1. 운동하지 않으면   2. 학교를 쉬지 않으면

3. 영화를 보러 가지 않으면

1_ 아래 단어를 사용해서 다음 질문에 대답하세요.

1. ビザを とる 時、どこへ 行きますか。

2. お金が ない 時、どう しますか。

3. お腹が 痛い 時、どこへ 行きますか。

4. 暑い 時、どう しますか。

5. 子供の 時、何に なりたかったですか。

6. 悲しい 時、何を しますか。

7. 苦しい 時、何を しますか。

힌트 대통령(だいとうりょう)   병원(びょういん)

대사관(たいしかん)   기도하다(いのる)

빙수를 먹다(かきごおりを 食べる)   노래를 부르다(うたを うたう)

친구에게 돈을 빌리다(友達に お金を かりる)

02 우에노 공원에서 🔘 22

<small>안 혜루</small> アンヘル   <small>이 – 에 쇼꾸지 와 쯔꾸 라 나 꾸 떼 모 이 – 데 스</small>
いいえ、食事は 作らなくても いいです。

<small>마이니찌 료 – 노 쇼꾸도 – 데 다 베 떼 이 마 스</small>
毎日 寮の 食堂で 食べて います。

<small>오 바 상</small> おばさん   <small>소 레 와 이 – 데 스 네</small>
それは いいですね。

WORDS

作(つく)らなくても 만들지 않아도　　 いいです 괜찮습니다, 좋습니다
毎日(まいにち) 매일　 寮(りょう) 기숙사

1 作る의「ない형」은 作らない입니다.
'～하지 않아도'라는 표현은「ない형」에서 **い를 떼어 버리고 くても**를 붙이면 됩니다.

> **연습** 1. 行く   → 行か<u>ない</u> + くても   → 行かな<u>くても</u> (가지 않아도)
>   2. 食べる   → 食べ<u>ない</u> + くても   → 食べな<u>くても</u> (먹지 않아도)
>   3. 来る   → 来<u>ない</u> + くても   → 来な<u>くても</u> (오지 않아도)

2 「て형」+ **います**는 '～하고 있습니다'라는 뜻이라고 설명드렸습니다.
현재를 가리키는 '진행'의 의미도 있고, 본문에서와 같이 '늘 반복되는 일'이나 '습관적인 일'을 나타내기도 합니다.

> **연습** 1. 食べて います(먹고 있습니다)
>   2. 泣いて います(울고 있습니다)
>   3. 寝て います(자고 있습니다)
>   4. 見て います(보고 있습니다)

3 それは いいですね는 '그것 참 다행이네요'라는 뜻입니다.

아니오, 식사는 만들지 않아도 됩니다. 매일 기숙사 식당에서 먹고 있습니다.

그것 참 다행이네요.

😋 일본어로 말해 보세요!

아니오, 가지 않아도 됩니다.

1. 먹지 않아도   2. 오지 않아도   3. 보지 않아도

1_ '~하지 않아도 됩니다' 라는 문형을 연습해 보겠습니다.

1. しな<u>ければ</u> なりませんか。(하지 않으면 안 됩니까?)
   → しな<u>くても</u> いいです。(하지 않아도 됩니다.)

2. 帰_{かえ}らな<u>ければ</u> なりませんか。(돌아가지 않으면 안 됩니까?)
   → 帰らな<u>くても</u> いいです。(돌아가지 않아도 됩니다.)

3. 飲_のまな<u>ければ</u> なりませんか。(마시지 않으면 안 됩니까?)
   → 飲まな<u>くても</u> いいです。(마시지 않아도 됩니다.)

4. 持_もって こな<u>ければ</u> なりませんか。(갖고 오지 않으면 안 됩니까?)
   → 持って こな<u>くても</u> いいです。(갖고 오지 않아도 됩니다.)

5. 持って いかな<u>ければ</u> なりませんか。(갖고 가지 않으면 안 됩니까?)
   → 持って いかな<u>くても</u> いいです。(갖고 가지 않아도 됩니다.)

フライパン 프라이팬

やかん 주전자

なべ 냄비

シンク
싱크대

さら
皿 접시

カップ 컵

しょくたく
食卓 식탁

はし
箸 젓가락

スプーン 수저

ドア 문

じ どうはんばい き
自動販売機 자동 판매기

ブラインド 블라인드

ソファー
소파

モニター
모니터

でん わ
電話 전화

• コンピューター
컴퓨터

• キーボード 키보드

• テーブル 테이블

こくばん
黒板 칠판

かべ
壁 벽

チョーク 분필

こくばんけ
黒板消し 지우개

かびん
花瓶 꽃병

つくえ
机 책상

いす 의자

● 알아둡시다 ●

じ かんひょう
〔**時間表** 시간표〕

こくご **国語** 국어	かがく **科学** 과학	びじゅつ **美術** 미술
すうがく **数学** 수학	ぶつり **物理** 물리	かがく **化学** 화학
しゃかい **社会** 사회	せいぶつ **生物** 생물	がいこくご **外国語** 외국어
れきし **歴史** 역사	たいいく **体育** 체육	かてい **家庭** 가정
えいご **英語** 영어	おんがく **音楽** 음악	せいじ けいざい **政治・経済** 정치・경제

鉛筆 연필

万年筆 만년필

ノート 노트

紙 종이

消しゴム 지우개

のり 풀

カッター 칼

はさみ 가위

定規 자

セロテープ 스카치테이프

しゅうせいえき 수정액

がびょう 압정

아홉째날

01_ て형+から
02_ ～なければ ならない
03_ ～と
04_ ～ても、～なくても

 학교에서 ◎23

アンヘル   ホンさんは 日本に 来てから ずっと
（안혜루）

元気でしたか。

ホン   ええ、元気でした。
（홍）

WORDS   来(き)てから 오고 나서   ずっと 계속, 쭉～   元気(げんき) 건강

 Point

1_ 「て형」+から는 '～하고 나서'라는 뜻이었습니다.
한번 더 연습을 해 보겠습니다.

연습   먹고 나서 → 食べてから   울고 나서 → 泣いてから
자고 나서 → 寝てから   죽고 나서 → 死んでから
하고 나서 → してから   가고 나서 → 行ってから
보고 나서 → 見てから   알고 나서 → 知ってから

2_ ずっと란 '처음부터 계속해서, 쭉～'이라는 뜻입니다.

연습   1. 계속해서 아팠습니다.   → ずっと 病気でした。
2. 계속해서 마시고 있었습니다. → ずっと 飲んで いました。
3. 계속해서 보고 있었습니다. → ずっと 見て いました。

064 ●

홍 양은
일본에 오고 나서
쭉〜 건강했습니까?

네,
건강했습니다.

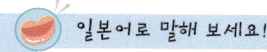

일본어로 말해 보세요!

홍 양은 일본에 오고 나서 쭉〜 건강했습니까?

1. 서울   2. 한국   3. 여기

1_ 다음 우리말을 일본어로 옮기세요.

1. 마시고 나서 가겠습니다.
2. 마셔도 됩니까?
3. 마시러 갑시다.
4. 마시고 싶었습니다.
5. 마시고 있었습니다.
6. 마시고 왔습니다.
7. 마셔서는 안 됩니다.
8. 먹기도 하고 마시기도 했습니다.
9. 마시지 말아 주세요.
10. 마시지 않으면 안 됩니다.

アンヘル
^{안 헤 루}

それは よかったですね。
^{소 레 와   요 깟 따 데 스 네}

でも、暑く なりますから 健康には もっと
^{데 모   아쯔 꾸   나 리 마 스 까 라   켕 꼬 니 와   못 또}

気を つけて ください。
^{키 오   쯔 께 떼   쿠 다 사 이}

ホン
^홍

ええ、私も もっと 体を 丈夫に しなければ
^{에 ー   와따시 모   못 또   카 라 다 오   죠 ー 부 니   시 나 께 레 바}

ならないと 思います。
^{나 라 나 이 또   오 모 이 마 스}

WORDS

それは 정말로	よかった 다행이다	健康(けんこう) 건강

もっと 좀더   気(き)を つける 주의하다   体(からだ) 몸

丈夫(じょうぶ)に 튼튼하게   しなければ 하지 않으면

1_ **それは**는 매우 감동하거나 놀라서 뭐라 말할 수 없는 경우의 감정 표현으로, '참으로, 그야말로'라는 뜻입니다.

それは よかったですね는 '그것 참 다행이군요'라는 뜻입니다.

2_ しなければ를 분석해 보면 する에서 변형된 말로, する를 부정으로 바꾸면 しない가 됩니다. しない는 '하지 않는다'로「い형용사」입니다. 「い형용사」의 가정법은 い를 떼어 버리고 ければ를 붙이면 됩니다. 다시 한번 연습해 보겠습니다.

연습 1. 가지 않으면   → 行かなければ

2. 오지 않으면   → 来なければ

3. 먹지 않으면   → 食べなければ

4. 자지 않으면   → 寝なければ

5. 마시지 않으면   → 飲まなければ

그것 참 다행이군요.
하지만, 더워지니까 건강에는
좀더 주의하세요.

네. 나도
좀더 몸을 튼튼하게
하지 않으면 안 된다고
생각합니다.

🍊 일본어로 말해 보세요!

나는 좀더 몸을 튼튼하게 하지 않으면 안 된다고 생각합니다.

1. 공부하지 않으면   2. 살이 찌지 않으면

3. 살이 빠지지 않으면   4. 친절해지지 않으면

* やせる (살이) 빠지다   ふとる (살이) 찌다

  しんせつに なる 친절해지다

1 오늘은 자주 사용하는 동사를 10개만 암기해 보겠습니다.

1. 住(す)む 살다   2. 忘(わす)れる 잊다

3. 考(かんが)える 생각하다   4. 曲(ま)がる 돌다

5. 運(はこ)ぶ 나르다   6. 調(しら)べる 조사하다

7. 座(すわ)る 앉다   8. 歩(ある)く 걷다

9. 捨(す)てる 버리다   10. 答(こた)える 대답하다

03 기숙사 사무실에서 💿 25

アンヘル　　ホンさんは　保険に　入りましたか。

ホン　　　　ええ、入りました。保険に　入ると　病気に

なった　時、あまり　お金を　払わなくても

いいですよ。

WORDS

保険(ほけん) 보험　　入(はい)ると (보험 등에) 들면
病気(びょうき) 병　　なった 時(とき) (병이) 났을 때
あまり 그다지, 별로　　お金(かね) 돈　　払(はら)う 지불하다

1_ '병이 나다'라는 말은 病気に なる입니다. ～に なる는 여러분이 이미 배우
신 내용입니다. 우리말로 '병이 되다'라고 직역하면 이상하죠? '병에 걸리다, 병이
나다'로 해석해야 합니다.

2_ 入ると의 と는 '～면'이라는 뜻입니다.
주로 동사 원형이나 「ない형」에 と를 붙여 씁니다.

연습　가면 → 行くと　　　　　가지 않으면 → 行かないと
　　　오면 → 来ると　　　　　오지 않으면 → 来ないと
　　　하면 → すると　　　　　하지 않으면 → しないと

3_ '～하지 않아도'라는 표현은 「ない형」으로 바꾸고 나서 い를 떼어 내고
くても를 붙이면 됩니다.

연습　払う → 払わない → 払わなくても (지불하지 않아도)
　　　入る → 入らない → 入らなくても (들지 않아도)
　　　行く → 行かない → 行かなくても (가지 않아도)

홍 양은 보험에
들었습니까?

네, 들었습니다.
보험에 들면 병이 났을 때,
별로 돈을 내지
않아도 돼요.

 일본어로 말해 보세요!

보험에 들면(保険に 入ると) 병이 났을 때,
그다지 돈을 내지 않아도 돼요.

1. 입학했을 때(入学した 時)

2. 입원했을 때(入院した 時)

3. 다쳤을 때(けがを した 時)

1 동사 원형 또는 「ない형」에 と를 붙이면 '~면' 이라는 뜻이 됩니다.

1. 봄이 되면   → 春に なると

2. 나이를 먹으면 → 年を とると

3. 돌아가지 않으면 → 帰らないと

4. 마시지 않으면 → 飲まないと

ホン
学生証は　いつも　持って　いなければ
なりませんか。

たなか
いいえ、学生証は　持って　いても、いなくても
かまいません。学生証は　定期券を　買ったり
する　時、使います。

Point

1_ 持って　いても　いなくても는 '갖고 있어도 갖고 있지 않아도' 라는 말입니다.

예 가도 가지 않아도 상관 없습니다.
　→ 行っても　行かなくても　かまいません。

먹어도 안 먹어도 괜찮습니다.
　→ 食べても　食べなくても　いいです。

와도 안 와도 상관 없습니다.
　→ 来ても　来なくても　かまいません。

2_ 買ったり　する　ときは '사거나 할 때' 라는 말로 회화체에서 많이 쓰이는 문형입니다.

예 연필은 글을 쓰거나 할 때 사용합니다.
　→ えんぴつは　字を　書いたり　する　時　使います。

일본어로 말해 보세요!

학생증은 갖고 있어도 갖고 있지 않아도 상관없습니다.

1. 약(**くすり**) / 먹어도 먹지 않아도
2. 영화(**映画**) / 봐도 보지 않아도
3. 책(**本**) / 읽어도 읽지 않아도
4. 숙제(**しゅくだい**) / 해도 하지 않아도

1 「ない형」을 변형시켜서 만들 수 있는 표현을 정리해 보겠습니다.

동사 원형	ない형	～ければ	～くても
飲む	飲まない	飲まなければ	飲まなくても
払う (はら)	払わない	払わなければ	払わなくても
寝る (ね)	寝ない	寝なければ	寝なくても
見る	見ない	見なければ	見なくても
来る (く)	来ない (こ)	来なければ (こ)	来なくても (こ)
する	しない	しなければ	しなくても

열째날

01_ ～と 思って います.
02_ 명사로 쓰이는 の
03_ 가능 표현

 **01 학교 휴게실에서** 🔘 27

ホン　アンヘルさん、夏休みの 予定は
　　　決まりましたか。

アンヘル　いいえ、まだです。でも 夏休みには
　　　どこかへ 行きたいと 思って います。

WORDS　予定(よてい) 예정, 계획　決(き)まる 정해지다　まだ 아직
でも 하지만　どこかへ 어딘가에

1_ 일본 사람들은 보통 확실한 것도 단정지어 말하지 않는 경향이 있습니다. 이런 이유
에서 ～と 思います(~라고 생각합니다)는 일본 사람들이 즐겨 사용하는 표현이죠.
학교에서 작문을 할 때도 ～と 思います를 많이 사용하면 좋은 점수를 받을 수 있다
고 합니다.

　～と 思います는 종지형에 붙여 쓴다는 것, 기억하고 계시죠? 또 と앞에는 ～です
・～ます 등의 공손한 표현이 오지 않습니다.

예 1. 行き<u>たい</u>と 思います。　　(○)
　　　行き<u>たかった</u>と 思います。　(○)
　　　行きたい<u>です</u>と 思います。　(×)

　2. <u>行く</u>と 思います。　　　(○)
　　　<u>行った</u>と 思います。　　(○)
　　　<u>行きました</u>と 思います。　(×)

안헤르 씨,
여름 방학 계획은
정해졌습니까?

아니오, 아직입니다.
하지만 여름 방학에는
어딘가에 가고 싶다고
생각하고 있습니다.

 일본어로 말해 보세요!

올해는 해외 여행(かいがいりょこう)을 하고 싶다고 생각하고 있습니다.

1. 일본에 유학가고 싶다   2. 시집을 가고 싶다(およめに 行く)
3. 다이어트를 하고 싶다(ダイエットを する)

1 일본 사람들은 혈액형(けつえきがた)에 많은 흥미(きょうみ)와 관심(かんしん)을 가지고 있습니다. 오늘은 A형에 관한 長所(장점)과 短所(단점)을 통해 단어를 익혀 보도록 하겠습니다.

A型(がた)の 長所(ちょうしょ)

1. 思いやりが ある 동정심, 배려심이 있다   2. おだやか 온화함
3. だまされぬ 잘 속지 않음   4. まじめ 착실
5. 礼儀(れいぎ)ただしい 예의바름   6. 慎重(しんちょう) 신중

A型の 短所(たんしょ)

1. 小心(しょうしん) 소심   2. 偽善的(ぎぜんてき) 위선적
3. 人を 信(しん)じない 사람을 안 믿는다   4. 秘密主義(ひみつしゅぎ) 비밀주의
5. がんこ 완고   6. くどい 집요하다

02 학교 휴게실에서 🎙️ 28

アンヘル
<ruby>도꼬까<rt></rt></ruby> <ruby>이-<rt></rt></ruby> <ruby>토꼬로오<rt></rt></ruby> <ruby>시리마셍<rt></rt></ruby> <ruby>까<rt></rt></ruby>
どこか いい ところを 知りませんか。

ホン
<ruby>캉꼬꾸노<rt></rt></ruby> <ruby>소우루와<rt></rt></ruby> <ruby>도-데스 까<rt></rt></ruby>
韓国の ソウルは どうですか。

アンヘル
<ruby>이-데스네<rt></rt></ruby> <ruby>데모<rt></rt></ruby> <ruby>히또리 데<rt></rt></ruby> <ruby>이꾸노와<rt></rt></ruby>
いいですね。でも、一人で 行くのは

<ruby>좃 또<rt></rt></ruby> <ruby>후안데스네<rt></rt></ruby>
ちょっと 不安ですね。

WORDS

いい ところ 좋은 곳	知(し)る 알다	韓国(かんこく) 한국
一人(ひとり)で 혼자서	ちょっと 조금	不安(ふあん) 불안

1 知る는 「2그룹동사」의 형태이지만 「1그룹동사」입니다.
따라서 「ます형」은 知ます가 아니고 知ります입니다. '압니까?' 라는 표현을 할 때
知りますか가 아니라 知って いますか라고 한다는 것, 기억나세요?
(☞ 둘째날 **01** 참조)
부정표현, 知りませんか는 직역을 하면 '알지 못합니까?' 이지만, '알고 있습니까?'
라는 뜻입니다. 일본인들은 이렇게 부정형으로 잘 묻습니다.

2 行くのは는 '가는 것은' 이라는 뜻으로, 여기서 の는 '~것' 이라는 뜻의 명사입니
다. 동사 뒤에 명사가 오면 동사는 명사를 수식한다고 전에 설명드렸습니다.

예 1. ~するのは(~하는 것은)
　　2. ~したのは(~했던 것은)

3 不安です는 직역하면 '불안입니다' 이지만, 「な형용사」+です는 '~합니다'
로 해석하여 '불안합니다' 라고 해석해야 자연스럽습니다.

예 1. 静です。(조용합니다)　　　　2. 暇です。(한가합니다)
　　3. 元気です。(건강합니다)　　　4. 好きです。(좋아합니다)

1. 어딘가 좋은 곳을
알고 계십니까?

3. 좋군요. 하지만 혼자서 가는
것은 좀 불안하군요.

2. 한국의 서울은
어떻습니까?

 일본어로 말해 보세요!

하지만, 혼자서 가는 것은 좀 불안하군요.

1. 돌아가는 것은(帰る)　　　　2. 타는 것은(乗る)
3. 남는 것은(のこる)

1_ 사전을 찾을 때 영어는 A B C 순으로, 우리말은 가나다순으로 찾아보듯 일본어는 あいうえお순으로 찾으시면 됩니다.

물론 원형으로 찾아야 하고, 복합동사일 경우에는 분리해서 찾아야 합니다.

예를 들어 たべすぎる라는 동사는 たべる와 すぎる가 합쳐져서 만들어진 말로 '너무 먹다' 라는 뜻입니다. たべる를 먼저 찾고, 그 다음에 すぎる라는 단어를 찾아야 합니다. すぎる를 사전에서 찾아보면 동사 연용형(ます형)에 붙어 '너무 ~하다' 라는 뜻으로 나와 있을 것입니다.

그런데 한 가지 주의할 것은 「1그룹, 2그룹, 3그룹」이라는 문법 용어는 사전에는 나오지 않는다는 점입니다. 「自1」「他5」라고 표기된 것은 「1그룹동사」를 말하며, 「上1」「下1」이라고 표시된 것은 「2그룹동사」, 「サ変」「カ変」이라고 표기된 것은 「3그룹동사」를 말합니다.

그 밖에도 「な형용사」는 「ダナ」 또는 「形動」이라고 표기되어 있습니다. 사전을 찾으려면 원형을 알아내는 능력, 즉 문법적인 체계를 알고 있어야 합니다.

안헤루
アンヘル

도-쿄-까라　소우루마데　난지깡구라이데
東京から　ソウルまで　何時間ぐらいで

이께마스까
行けますか。

홍
ホン

히꼬-끼 닷따라　니지깡구라이데　이께마스
飛行機だったら、　2時間ぐらいで　行けます。

WORDS

東京(とうきょう) 도쿄　　行(い)けます 갈 수 있습니다

飛行機(ひこうき) 비행기　　～だったら ～라면

1_ 「た형」+ら는 '～라면'이라는 뜻입니다.

　　이 문형은 동사뿐만 아니라 명사, 형용사의 과거형에도 붙여 쓸 수 있습니다.

　　📗 당신이었다면　→　あなた<u>だったら</u>　（명사）

　　　친절했다면　→　しんせつ親切<u>だったら</u>　（な형용사）

　　　맛있었다면　→　<u>おいしかったら</u>　（い형용사）

　　　당신이 왔다면　→　あなたが <u>きたら</u>　（동사）

2_ 오늘의 학습포인트는 가능표현입니다.

동사 종류	가능표현 만들기	
1그룹동사	단어 끝 발음 [u]를 [eru]로 바꾼다.	か<u>う</u>[ka<u>u</u>] → か<u>える</u>[ka<u>eru</u>]
2그룹동사	る를 떼어 내고 られる를 붙인다.	み<u>る</u> → み<u>られる</u>
3그룹동사	두 가지만 외우면 된다.	する → できる(할 수 있다) くる → こられる(올 수 있다)

비행기라면,
2시간 정도면
갈 수 있습니다.

도쿄에서
서울까지 몇 시간 정도면
갈 수 있습니까?

 일본어로 말해 보세요!

비행기라면 2시간 정도면 갈 수 있습니다.

1. 배(ふね) / 8시간   2. 자동차(くるま) / 12시간

3. 자전거(じてんしゃ) / 24시간   4. 전철(でんしゃ) / 10시간

1 다음 동사를 가능표현으로 만들어 보세요.

1. 行_いく   → (   )

2. 飲_のむ   → (   )

3. 買_かう   → (   )

4. 食_たべる   → (   )

5. 見_みる   → (   )

6. する   → (   )

7. 来_くる   → (   )

파워
키우기

2

이제 서서히 초급 마무리단계로 들어서고 있습니다.
자동사 · 타동사와 동사의 가능형에 대해 배우고
문장잇기 등 그 밖의 여러 표현을 익히게 됩니다.

열하루째날

 **01 학교 휴게실에서** 💿30

ホン^홍
私は 今度の 夏休みに 国へ 帰る
_{와타시와 콘도노 나쯔야스미니 쿠니에 카에루}
つもりですが、その 時、いっしょに
_{쯔모리데스가 소노 또끼 잇쇼니}
行きませんか。
_{이끼마셍 까}

アンヘル^{안 헤루}
ほんとうですか。ホンさんと いっしょなら
_{혼 또-데스까 홍 상 또 잇 쇼 나라}
ぜひ ソウルへ 行きたいですね。
_{제히 소우루에 이끼따이데스네}

WORDS

今度(こんど) 이번 　夏休(なつやす)み 여름 방학
帰(かえ)る 돌아가다 　～つもり ～할 예정, 작정 　いっしょに 함께
～なら ～라면 　ぜひ 꼭 　行(い)きたい 가고 싶다

 **Point**

1_ 동사 원형 또는 「ない형」+つもり는 '～할 작정, 예정'이라는 말입니다.

　연습 1. 먹을 작정입니다. 　　→ 食べる つもりです。

　　　 2. 먹지 않을 작정입니다. 　→ 食べない つもりです。

또한 「た형」+つもりで는 '～한 셈 치고'라는 말이 됩니다.

　연습 1. 먹은 셈 치고 　　　→ 食べた つもりで

　　　 2. 마신 셈 치고 　　　→ 飲んだ つもりで

2_ ～なら는 '～라면'이라는 뜻입니다.

Let's try

정말입니까?
홍 양과 함께라면 꼭
서울에 가고 싶군요.

나는 이번
여름 방학에 고국에 돌아갈
예정입니다만, 그때 함께
가지 않겠습니까?

 일본어로 말해 보세요!

홍 양과 함께라면 서울에 가고 싶군요.

1. 어디라도 가고 싶군요
2. 유럽(ヨーロッパ)에 가고 싶군요

1_ 오늘은 혈액형이 O형인 사람의 長所(장점)과 短所(단점)에 대해 알아보겠습니다.

O型(がた)の 長所(ちょうしょ)

1. 実行力(じっこうりょく) 실행력
2. 生活力(せいかつりょく) 생활력
3. 情熱的(じょうねつてき) 정열적
4. 素直(すなお) 솔직
5. 慎重(しんちょう) 신중
6. 論理的(ろんりてき) 논리적

O型の 短所(たんしょ)

1. 強引(ごういん) 억지를 씀
2. 所有欲(しょゆうよく) 소유욕
3. 卑怯(ひきょう) 비겁
4. 反抗的(はんこうてき) 반항적
5. 単純(たんじゅん) 단순
6. 変わり者(かわりもの) 괴짜

02 서울에서 💿31

ホン　　　　ソウルの　第一印象は　どうですか。
<small>흥</small>　　　　　<small>소 우 루 노　다이이찌인쇼- 와　도 - 데 스 까</small>

アンヘル　そうですね…、道は　広いし、高い　ビルは
<small>안 헤루</small>　　　<small>소 - 데 스 네　　미찌 와　히로이 시　타까이　비 루 와</small>

　　　　　並んで　いるし、すごいですね。
　　　　　<small>나란 데　이 루 시　스 고 이 데 스 네</small>

WORDS　　第一(だいいち) 첫, 제일　　印象(いんしょう) 인상
　　　　　広(ひろ)い 넓다　　 ～し ～하고　　高(たか)い 높다
　　　　　並(なら)ぶ 즐비하다, 늘어서 있다　　 すごい 굉장하다

1_ そうですね는 '그렇군요'라고 배우셨지만, 잠시 생각하기 위해 '글쎄요…'
라고 할 때 쓰는 말이기도 합니다.
잠시 생각하는 느낌으로 そうですね~라고 발음하시면 됩니다.

2_ 종지형＋し는 '～하고 ～하고'라는 뜻으로, 열거해서 말할 때 쓰는 문형
입니다.

　1. 서로 엇갈리는 사항을 열거할 때
　　遊びには　行きたいし、お金は　ないし(놀러는 가고 싶고, 돈은 없고)
　　<small>あそ</small>

　2. 동시적인 상황을 열거할 때
　　ハンサムだし、頭も　いいし(핸섬하고, 머리도 좋고)
　　　　　　　　<small>あたま</small>

글쎄요…
길은 넓고, 높은 빌딩은 늘어서 있고, 굉장하군요.

서울의 첫인상은 어떻습니까?

일본어로 말해 보세요!

길은 넓고, 높은 건물은 즐비하고

1. 날씨는 좋고, 애인(こいびと)은 없고
2. 복어(ふぐ)는 먹고 싶고, 목숨(いのち)은 아깝고(おしい)
3. 결혼은 하고 싶고, 돈은 없고
4. 책도 사고 싶고, 빵도 먹고 싶고
5. 영화도 보고 싶고, 데이트(デート)도 하고 싶고
6. 음악가(音楽家{おんがくか})도 되고 싶고, 화가(画家{がか})도 되고 싶고
7. 눈은 내리고, 바람은 불고

1   본문에 관한 질문입니다.

1. アンヘルさんは 夏休{なつやす}みに どこへ 行きましたか。
2. アンヘルさんは ソウルへ 一人{ひとり}で 行きましたか。
3. 東京から ソウルまで 何時間{なんじかん}ぐらいで 行けますか。
4. アンヘルさんは ソウルに ついて どう 思いましたか。
5. アンヘルさんは 一人でも ソウルへ 行けると いいましたか。

03 차 안에서 🔘 32

_{안 헤 루} アンヘル	_{홍 상 와 운 뗑 가 데 키 마 시 따 네} ホンさんは 運転が できましたね。
_홍 ホン	_{에 - 데 끼 마 스 요} ええ、できますよ。
_{안 헤 루} アンヘル	_{시 까 시 니 혼 데 와 운 뗑 오 시 마 셍 데 시 따 네} しかし、日本では 運転を しませんでしたね?
_홍 ホン	_{미찌 가 와 까 라 나 이 까 라 덴 샤 오 리 요 - 시 떼} 道が わからないから、電車を 利用して _{이 마 시 따} いました。

WORDS

運転(うんてん) 운전　　できる 할 수 있다, 가능하다
しかし 그러나, 하지만　道(みち) 길　　利用(りよう) 이용

1 일본어로 '운전을 할 수 있다' 라는 표현을 하려면 運転を できる라고 할 것 같지만, 가능표현에는 조사 「を」 대신에 「が」를 써서 運転が できる라고 해야 합니다.

그 밖에 '좋아한다(すきだ), 싫어한다(きらいだ), ～하고 싶다(～したい), 갖고 싶다(ほしい)' 등도 「を」 대신에 「が」를 사용합니다.

연습　1. 당신을 좋아합니다.　　→　あなたが 好_すきです。

　　　　2. 길을 모른다.　　　　　→　道_{みち}が わからない。

　　　　3. 술을 마시고 싶다.　　　→　お酒_{さけ}が 飲みたい。

　　　　4. 자동차를 갖고 싶다.　　→　車_{くるま}が ほしい。

　　　　5. 나는 어린이를 싫어한다.　→　私は 子供_{こども}が きらいだ。

Let's try

1. 홍 양은 운전을 할 수 있었군요.

3. 하지만 일본에서는 운전하지 않았었지요?

2. 네, 할 수 있어요.

4. (일본에서는) 길을 몰라서 전철을 이용했습니다.

🍉 일본어로 말해 보세요!

당신은 운전을 할 수 있습니까?

1. 피아노를 칠 수   2. 술을 마실 수

Level up

1_ 다음 우리말을 일본어로 옮기세요.

1. 나는 어린아이를 좋아합니다.
2. 비싸서 살 수 없었습니다.
3. 돈도 없고, 갈 수 없습니다.
4. 이 한자는 쓸 수 있습니다.
5. 술을 마시고 싶습니다.
6. 담배를 피우고 싶습니다.

C·O·L·U·M·N

일본의 공휴일

일본의 법정 기념일은 공휴일 사이에 있는 국민의 공휴일(国民の祝日)을 포함해서 전부 15일입니다. 일본에서는 공휴일과 일요일이 겹치면 다음 월요일에 쉰답니다.

● **1월 1일** 正月(しょうがつ) 새해의 첫날

새해의 행복을 기원하고, 우리 나라의 떡국과 같은 「おぞうに」를 먹고 1년의 계획을 세우며, 신사나 사원에서 참배를 합니다.

● **1월 두번째 월요일** 成人の日(せいじんのひ) 성인의 날

만 20세가 되어, 어른이 되는 남녀를 축하하는 날입니다. 지방자치단체의 주체로 성년식이 열리며, 성인이 된 남녀가 보통 기모노나 정장을 입고 참석합니다.

● **2월 1일** 建国記念日(けんこくきねんび) 건국기념일

일본 최고의 역사서인 '일본서기'에 적혀 있는 일본의 첫 번째 천황이 직위한 날입니다. 건국을 기념하고 애국심을 기른다는 취지로 1966년에 만들어졌습니다.

● **3월 21일경** 春分の日(しゅんぶんのひ) 춘분의 날

낮과 밤의 길이가 같아지는 날입니다. 따라서 매년 조금씩 날짜가 달라지는데요, 산소에 가서 조상들께 성묘를 합니다.

● **4월 29일** 緑の日(みどりのひ) 녹색의 날

자연의 은혜에 감사하는 날입니다. 원래는 쇼와천황(昭和天皇)의 생일이었는데요, 1989년 그 이름만 바꿔 휴일로 개정되었습니다.

● **5월 3일** 憲法記念日(けんぽうきねんび) 헌법기념일

1947년에 현행의 일본헌법이 제정된 것을 기념하기 위한 날입니다.

正月▲　　　　成人の日▲　　　　建国記念日▲　　　　緑の日▲

● 5월 5일　子供の日（こどものひ）어린이 날
어린이의 인격을 존중하고 어린이의 행복을 기원하는 날입니다.

● 7월 20일　海の日（うみのひ）바다의 날
바다의 은혜에 감사하는 날입니다.

● 9월 15일　敬老の日（けいろうのひ）경로의 날
사회를 위해 봉사해 온 노인을 경애하고 장수를 축하하는 날입니다.

● 9월 23일경　秋分の日（しゅうぶんのひ）추분의 날
낮과 밤의 길이가 같은 날인데요, 춘분과 마찬가지로 조상의 묘에 성묘를 갑니다.

● 10월 10일　体育の日（たいいくのひ）체육의 날
1964년의 도쿄 올림픽 대회 개회식 날을 기념하여, 체육에 친숙해지고 건강의 소중함을
자각하고자 만들어진 날입니다.

● 11월 3일　文化の日（ぶんかのひ）문화의 날
사람들이 평화, 자유, 문화를 사랑하도록 북돋는 날입니다.

● 11월 23일　勤労感謝の日（きんろうかんしゃのひ）근로감사의 날
노동의 기쁨을 되새기고, 더불어 감사하는 취지로 만들어진 날입니다.

● 12월 23일　天皇誕生日（てんのうたんじょうび）천황 탄생일
지금의 천황이 태어난 날로, 그 탄생을 일본 국민으로서 축하하는 날입니다.

海の日▲

敬老の日▲

体育の日▲

天皇誕生日▲

열 둘째날

01_ 자동사와 타동사
02_ 동사원형＋ように なる
03_ ～て くださいませんか。

01 제주도에서 ◎33

アンヘル
^{안 헤루}

콤 방　　　토 마루　　　토 꼬로 와　　키 메 마 시 따 까
今晩、泊まる ところは 決めましたか。

ホン
^홍

민 슈꾸 데 모　　이 – 데 스 까
民宿でも いいですか。

アンヘル
^{안 헤루}

민 슈꾸 또　　이 우 노 와　　난 데 스 까
民宿と いうのは 何ですか。

ホン
^홍

민 슈꾸 또　　이 우 노 와　　나쯔 노　　아이다 또 까　　토꾸베쯔 나
「民宿」と いうのは 夏の 間とか、特別な

또끼 다 께　　카꾸 오　　토 메 루　　이에노　　꼬 또 데 스
時だけ、客を 泊める 家の ことです。

WORDS
泊(と)まる 묵다　　決(き)める 정하다　　民宿(みんしゅく) 민박
間(あいだ) 동안　　特別(とくべつ) 특별　　～だけ ～뿐, ～만
泊(と)める 묵게 하다

1_ 오늘의 학습포인트는 자동사와 타동사입니다. 간단히 설명하면 타동사는 목적어가 필요한 동사, 자동사는 목적어가 필요없는 동사입니다.

자동사인가 타동사인가에 따라 조사도 다르게 써야 하고 해석도 달라지므로, 사전에서 단어를 찾으실 때는 자동사인가 타동사인가를 확인하고 암기하셔야 합니다. はなす(떼어 놓다)나 けす(없애다) 등과 같이 す로 끝나는 동사와 はじめる(시작하다), ためる(모으다), ひろげる(넓히다), おさめる(수습하다) 등과 같이 [~eru]로 끝나는 동사는 대부분 타동사라고 외우셔도 좋습니다.

2_ ～とか는 '～라든가'라는 뜻으로「종지형」이나 명사 등에 붙여 쓸 수 있습니다.

1. 오늘 밤 묵을 곳은 정했습니까?

3. 「민박」이라는 것은 무엇입니까?

2. 민박이라도 괜찮습니까?

4. 「민박」이라는 것은 여름 동안이라든가, 특별한 때만 손님을 묵게 하는 집을 말합니다.

 일본어로 말해 보세요!

민박이라는 것은 무엇입니까?

1. 샤미센(しゃみせん)　　2. 가부키(かぶき)

3. 사시미(さしみ)

1_ 오늘은 혈액형이 B형인 사람의 長所(장점)과 短所(단점)에 대해 알아보겠습니다.

B型(がた)の　長所(ちょうしょ)

1. 独立心(どくりつしん) 독립심
2. 飾(かざ)らない 꾸밈이 없다
3. アイデア豊富(ほうふ) 아이디어 풍부
4. 面白(おもしろ)い 재미있다
5. 開放性(かいほうせい) 개방성
6. 心広(こころひろ)い 마음 넓음

B型の　短所(たんしょ)

1. わがまま 제멋대로
2. 無作法(ぶさほう) 예의 없음
3. いいかげん 적당주의
4. 無神経(むしんけい) 무신경
5. あわてもの 덜렁이
6. 浮気(うわき)もの 바람둥이

02 제주도에서 🎧 34

ホン
民宿^{민 슈꾸}だったら^{닷 따라} やすいし^{야 스 이 시}、食事代^{쇼꾸 지 다이}も^모 あまり^{아 마 리}

かかりません^{카 까 리 마 셍}。このごろは^{고 노 고 로 와} 外国人^{가이코꾸 짐}も^모 泊まる^{토 마 루}

ように^{요 ー 니} なりました^{나 리 마 시 따}。

アンヘル^{안 혜 루}
それなら^{소 레 나 라}、民宿^{민 슈꾸}に^니 しましょう^{시 마 쇼 ー}。

WORDS

〜だったら 〜라면	食事代(しょくじだい) 식사비
かかる 들다, 걸리다	泊(と)まる 묵다
〜ように 〜하도록, 〜하게	それなら 그렇다면

1_ 〜だったら는 '〜라면' 이라는 뜻으로 어떤 것을 가정할 때의 표현입니다. 〜だ(〜이다)의 과거 〜だった에 ら를 붙여 사용하시면 됩니다. 〜だったら는 과거의 의미가 포함된 가정형이지만 현재의 의미도 포함하고 있습니다.

> **연습**
> 1. あなただった(당신이었다)
>   → あなただったら(당신이라면/당신이었다면)
> 2. 子供^{こども}だった(어린이였다)
>   → 子供だったら(어린이라면/어린이였다면)

2_ 동사 원형+ように なる는 '〜하게 되다'라는 뜻의 문형입니다.

> **예**
> 1. 마시게 되었습니다. → 飲む ように なりました。
> 2. 가게 되었습니다. → 行く ように なりました。

3_ 동사 원형+ことに した는 '〜하기로 했다'라는 뜻의 문형입니다.

> **예** 마시기로 했습니다. → 飲む ことに しました。

단, 동사의 과거형+ことに する는 '〜한 것으로 간주하다'라는 뜻의 문형입니다.

> **예** 먹은 것으로 간주하겠습니다. → 食べた ことに します。

090 ●

민박이면 싸고 식사비도 그다지 들지 않습니다. 요즈음은 외국인도 묵게 되었습니다.

그렇다면 민박으로 합시다!

일본어로 말해 보세요!

요즈음은 생선회도 먹게 되었습니다.

1. 매운 것(からいもの)　　　2. 야채(やさい)　　　3. 고기(にく)

그렇다면, 이것을 사기로 합시다.

1. 먹기로　　2. 주문하기로(ちゅうもんする)　　3. 버리기로(すてる)

1_ **～ように なりました**는 가능표현과도 붙여 쓸 수 있습니다. 이 때 앞에는 조사 가가 오는 점을 주의하세요.

예

피아노를 칠 수 있게 되었습니다.

→ ピアノが ひける ように なりました。

술을 마실 수 있게 되었습니다.

→ お酒が 飲める ように なりました。

民宿の人 （민 슈꾸 노 히또）

お客さん、この ノートに 住所と、
（오 꺅 상） （고노 노ー토니 쥬ー쇼 또）

なまえを 記入して くださいませんか。
（나 마에오 키뉴ー시 떼 쿠다사이마 셍 까）

年齢と 国籍も お願いします。
（넨레ー또 코꾸세끼 모 오 네가이 시 마 스）

それから、夕食は キムチチゲと いかの
（소 레 까라 유ー쇼꾸 와 기 무 치 치 게 또 이 까노）

さしみですが、いかがですか。
（사 시 미 데 스 가 이 까 가 데 스 까）

WORDS

お客(きゃく)さん 손님	ノート 노트	住所(じゅうしょ) 주소
記入(きにゅう) 기입	年齢(ねんれい) 연령	
国籍(こくせき) 국적	夕食(ゆうしょく) 저녁(식사)	
キムチチゲ 김치찌개	いか 오징어	さしみ 회

1 **〜て くださいませんか**는 '〜해 주시지 않겠습니까?' 라는 뜻으로 정중한 표현법입니다.

연습 집어주시지 않겠습니까?　→　取って くださいませんか。

이야기해 주시지 않겠습니까?　→　話して くださいませんか。

같은 명령문이라도 이처럼 부정의문문을 사용하면 상대의 기분을 상하지 않게 하면 서도 의사를 전달할 수 있습니다.

2 **いかが**는 '어떠하다' 라는 뜻으로 どう보다 정중한 표현입니다.
기차 등을 타면 '오징어 있어요, 땅콩 있어요' 라고 외치는 판매원이 있는데 '〜있어 요, 〜사세요' 에 해당하는 말이 いかがですか입니다.
즉, 일본에서는 ビール いかがですか라고 외치고 다니는데 이것을 직역하면 '맥주 어떠세요?' 라는 말이지만, '맥주 있어요, 맥주 사세요' 라는 뜻으로 쓰인 것입니다.

1 마지막으로 혈액형이 AB인 사람의 長所(장점)과 短所(단점)에 대해 알아보겠습니다.

AB型(がた)の　長所(ちょうしょ)

1. 知的(ちてき) 지적
2. 社会的義務感(しゃかいてきぎむかん) 사회적 의무감
3. 慎重(しんちょう) 신중
4. 自分(じぶん)に 充実(じゅうじつ) 자신에게 충실
5. 公平(こうへい) 공평
6. 道徳性(どうとくせい) 도덕성

AB型の　短所(たんしょ)

1. ドライ 메마름
2. いやみ 빈정거림
3. 事務的(じむてき) 사무적
4. 自分かって 제멋대로
5. クール 냉정함
6. 個人主義(こじんしゅぎ) 개인주의

열셋째날

01_ ~たり、~たり
02_ ありませんね？
03_ ~ので
04_ あるんです。

 **01** 제주도에서 ◎ 36

アンヘル　私は　辛い　ものは　食べられません。
　　　　　　辛く　ない　キムチなら　食べられますが。

ホン　　　私は　生の　さかなは　食べられません。
　　　　　　にたり　やいたり　したら　食べられます。

WORDS		
辛(から)い 맵다	キムチ 김치	生(なま) 날것, 생것
さかな 생선	にる 익히다	やく 굽다

 **Point**

1_ 오늘 본문에는 キムチなら와 したら라는 가정표현이 나왔죠? 해석도 똑같이 '~면, ~라면'이니까 구별이 잘 안 되는 분도 계실 겁니다. 이 두 표현은 대체로 비슷하다고 생각하시면 됩니다. 그러나 어떤 조건을 내세울 때는 주로 ~なら쪽을 사용합니다.

예 1. あなたが　行くなら　당신이 간다면(가는 조건이라면)
　　2. 辛く　ない　キムチなら　맵지 않은 김치라면(맵지 않은 조건이라면)

2_ '~을 하기도 하고 ~을 하기도 하고'라는 문형이 ~を したり、~を したり였죠? にたり やいたり처럼 동사를 붙여서 쓰면 '~하거나(하고), ~하거나(하고)'라는 뜻이 됩니다.

예 1. 먹고 마시고 → 食べたり 飲んだり　2. 보고 듣고 → 見たり 聞いたり
　　3. 울고 웃고 → 笑(わら)ったり 泣(な)いたり　4. 오고 가고 → 行ったり 来たり

* '오고 가고'의 경우 来たり 行ったり로 쓰면 틀립니다. 주의하세요.

나는 날생선은
먹을 수 없습니다.
익히거나 굽거나 하면
먹을 수 있습니다.

나는 매운 것은
먹을 수 없습니다.
맵지 않은 김치라면
먹을 수 있습니다만….

일본어로 말해 보세요!

매일 먹고 마시고 했습니다.

1. 먹고 자고　　　　2. 오고 가고　　　　3. 울고 웃고

나는 날생선은 먹을 수 없습니다.

1. 매운 김치　　　2. 일본 라면(日本の ラーメン)

3. 당근(にんじん)

1_ 가능표현을 연습해 보겠습니다.

가능표현으로 바뀌면 동사는 모두 「2그룹동사」가 됩니다.

	동사 원형	가능표현	가능표현의 ます형
1그룹동사	行^いく 乗^のる 作^{つく}る	行ける 乗れる 作れる	行けます 乗れます 作れます
2그룹동사	起^おきる 見^みる	起きられる 見られる	起きられます 見られます
3그룹동사	来^くる する	来^こられる できる	来^こられます できます

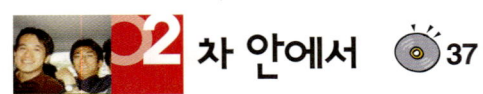

ホン
　忘れ物は ありませんね？
　와스레모노와　아리마 센 네
ホン
홍

アンヘル
　はい、ないと 思います。
　하 이　나 이 또　오모이 마 스
안 헤루

ホン
　では、隣の 席に 乗って ください。
　데 와　도나리노　세끼니　놋 떼　쿠 다 사 이
홍

　はい、出発！
　하 이　슛 빠쯔

WORDS

忘れ物(わすれもの) 잊은 물건　　では 그러면
隣(となり) 옆, 이웃　　席(せき) 좌석　　はい 자, 그럼
出発(しゅっぱつ) 출발

1 ありません<u>ね</u>의 **ね**는 다짐하거나 확인할 때 사용하는 말입니다.

2 **はい**는 '네' 라는 뜻도 있지만, 주의를 촉구하는 뜻으로도 사용됩니다.

> 예 1. はい、食べましょう！(자, 먹읍시다!)
> 　 2. はい、行きましょう！(자, 갑시다!)

心理テスト!!

클립이 한 개 있습니다.
이 클립을 늘려서 무언가 모양을 만든다면?

1. のばして 一本の　はりがねに する。(늘려서 한가닥 철사로 한다.)
　　　　　いっぽん
2. ハート マークに する。(하트 모양으로 한다.)
3. グニャグニャに する。(구불구불 구부려 놓는다.)
4. えんに する。(원을 만든다.)

Let's try

1. 잊은 물건은 없지요?

3. 그러면 옆 좌석에 타 주세요. 자, 그럼 출발~!

2. 네, 없다고 생각합니다.

일본어로 말해 보세요!

자, 그럼 출발합니다!

1. 마십니다　　2. 하겠습니다(やる)

3. 잘 먹겠습니다(いただく)

心理テスト!! 분석결과

클립의 모양으로 알아볼 수 있는 것은 지금 당신의 심리 상태입니다.

1. 늘려서 한가닥 철사로 한다
   — 무언가 억압되어 있는 부분이 있어서 마음을 확 열고 싶어하는 심리 상태입니다.

2. 하트 모양으로 한다
   — 인정에 굶주린 탓인지 따뜻하고 포근한 정을 바라고 있는 심리 상태입니다.

3. 구불구불 구부려 놓는다
   — 무언가 초조하고 짜증스러운데 화풀이 할 곳도 없는 욕구 불만을 내포하고 있는 심리 상태입니다.

4. 원을 만든다
   — 정신적으로 지쳐 있는 탓일까, 좀더 느긋하고 여유가 있었으면 하는 심리 상태입니다.

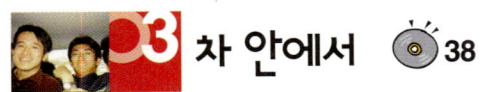 **차 안에서** 🔘 38

<table>
<tr><td>안 헤루
アンヘル</td><td>쿠루마 가　오- 이 데 스 네
車が　多いですね。</td></tr>
<tr><td>홍
ホン</td><td>소 - 데 스 네　쿄- 와 니찌요- 비 나 노 데 미찌 가
そうですね。今日は　日曜日なので　道が
콘 데　이 마 스 네　후 쯔-노 히 닷 따 라
こんで　いますね。普通の日だったら、
못 또 하 야 꾸 하시 레 마 스 가
もっと　はやく　走れますが。</td></tr>
</table>

WORDS

車(くるま) 자동차　多(おお)い 많다　～なので ～이기 때문에
道(みち) 길　こむ 붐비다　普通(ふつう) 보통
普通の日(ふつうのひ) 보통 때, 평일　もっと 좀더
走(はし)る 달리다

 **Point**

1 ～のでと '～이므로, ～이니까'라는 뜻으로 원인, 이유를 나타내는 말입니다.
주로 종지형에 붙여 씁니다.

　연습　붐비므로　　　→　こむので
　　　　맛있으므로　　→　おいしいので
　　　　맛없었으므로　→　まずかったので

단, 「な형용사」와 「명사」는 다음과 같이 な를 붙여서 씁니다.

　연습　일요일이므로　→　日曜日なので （명사）
　　　　　　　　　　　　　　　す
　　　　좋아하므로　　→　好きなので　（な형용사）

자동차가 많군요.

그렇군요,
오늘은 일요일이라서
길이 붐비는군요.
평일이라면 좀더 빨리
달릴 수 있는데….

 일본어로 말해 보세요!

평일이라면 좀더 빨리 달릴 수 있는데…

1. 갈 수 있는데…   2. 올 수 있는데…

3. 마실 수 있는데…

1   ～から와 ～ので의 사용법

～から는 자기 주장을 강하게 나타내거나 금지, 권고, 명령 등을 나타낼 때 사용하는 말입니다. 그래서 ～たい, ～と 思う, ～なさい, ～ください, ～しないで ください, ～ても いいです, ～ては いけません의 문형 앞에는 から를 씁니다.

～ので는 자기만의 생각이 아니라 누가 보아도 타당한 사실, 또는 어쩔 수 없이 그렇게 될 수 밖에 없었던 원인, 이유 등을 나타낼 때 사용합니다.

예를 들어 결석을 했다고 합시다. '병이 나서…' 라고 해명을 하는데, 'びょうきだったので…' 라고 말했을 때와 'びょうきだったから…' 라고 말했을 때의 그 뉘앙스는 전혀 다릅니다. ので가 '어쩔 수 없는 일이었지만 미안하다' 라는 의미가 있는 반면, から는 '그러니까 결석하는 게 당연하지 않느냐' 라는 의미로까지 확대 해석할 수 있습니다. 이와 같이 から는 당돌한 느낌을 줄 수 있으므로 주의해서 사용해야 합니다.

 **04 차 안에서** 🎙39

ホン _홍
アンヘルさん、橋の むこうに 車が
<ruby>안<rt></rt></ruby> <ruby>헤루<rt></rt></ruby> <ruby>상<rt></rt></ruby> <ruby>하시노<rt></rt></ruby> <ruby>무꼬-니<rt></rt></ruby> <ruby>쿠루마가<rt></rt></ruby>
止まって いますが、見えますか。
<ruby>토 맛 떼<rt></rt></ruby> <ruby>이마스가<rt></rt></ruby> <ruby>미에마스까<rt></rt></ruby>

アンヘル _{안 헤 루}
どちらですか。あ、見えました。
<ruby>도 찌라데스까<rt></rt></ruby> <ruby>아<rt></rt></ruby> <ruby>미에마시따<rt></rt></ruby>

ホン _홍
その へんに キャンプ場が **あるんですよ。**
<ruby>소 노<rt></rt></ruby> <ruby>헨니<rt></rt></ruby> <ruby>캄 푸죠-가<rt></rt></ruby> <ruby>아룬데스요<rt></rt></ruby>

アンヘル _{안 헤 루}
わあ、いい ところですね。はやく
<ruby>와- 이- 토꼬로데스네<rt></rt></ruby> <ruby>하야꾸<rt></rt></ruby>
行きましょう。
<ruby>이 끼마 쇼-<rt></rt></ruby>

WORDS

橋(はし) 다리   むこう 저쪽, 저편   止(と)まる 멈추다
見(み)える 보이다   キャンプ場(じょう) 캠프장
～んですよ ～는 거예요, ～는 겁니다

1_ 우리말에서는 물건 등을 찾다가 발견했을 때 '아, 여기 있습니다' 라고 현재형으로 말하지만 일본어에서는 대부분 과거로 표현합니다. 과거형을 사용하면 다소 강조 하는 느낌이 있습니다. 본문의 見えました도 이런 경우로, 이때는 '보였습니다'가 아니라 '보입니다' 란 뜻입니다.

2_ **あるのです**는 '있는 것입니다' 라는 뜻입니다.
회화체에서는 の 대신에 ん을 넣어 **あるんです**라고 합니다.
우리말에서 '있는 것입니다' 를 '겁니다' 라고 줄여 말하는 것과 같은 것이지요.

다음 문장을 밑줄 친 부분에 주의하면서 일본말로 옮겨 보세요.

1. 이것도 먹는 <u>겁니까</u>? 네, 먹는 <u>겁니다</u>.
2. 벌써 가는 <u>겁니까</u>? 네, 가는 <u>겁니다</u>.
3. 더 마시는 <u>겁니까</u>? 네, 마시는 <u>겁니다</u>.

1. 안헤르 씨,
다리 저편에 자동차가
멈춰 있는데 보입니까?
3. 그 근처에 캠프장이
있는 거예요.

2. 어디입니까?
아, 보입니다.
4. 와아, 좋은 곳이군요.
빨리 갑시다.

일본어로 말해 보세요!

저편에 자동차가 멈춰 있는데 보입니까?
1. 자전거　　　2. 오토바이(オートバイ)
3. 트럭(トラック)

心理テスト!!

인간은 개개인 특유의 정신적 리듬을 갖고 있습니다.

이 정신적 리듬은 주변 환경에 따라 좌우되기 쉬운데, 일반적으로 도시에 살수록 템포가 빨라지는 경향이 있습니다.

자신이 좋아하는 템포로 검지손가락을 이용해 책상을 두드려 보세요. 10초 동안에 몇번이나 두드렸습니까?

一戸建て 단독주택

* マンション 맨션

* アパート 아파트(연립주택)

ビル 빌딩

団地 단지

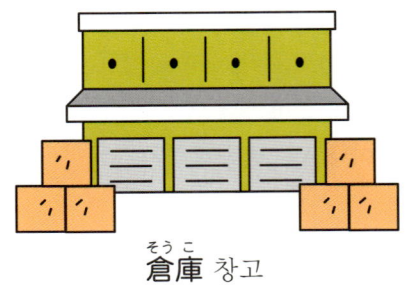

倉庫 창고

● 알아둡시다 ●

* **アパート와 マンション**

일본의 アパート는 2~3층 정도의 목조 건물을 말하는데, 우리나라의 연립주택과 비슷하다. 우리가 보통 아파트라고 부르는 것을 일본에서는 マンション이라 하며, 이런 マンション이 밀집해 있는 지역을 団地(だんち)라고 부른다.

（お）医者（さん） 의사

看護婦（さん） 간호사

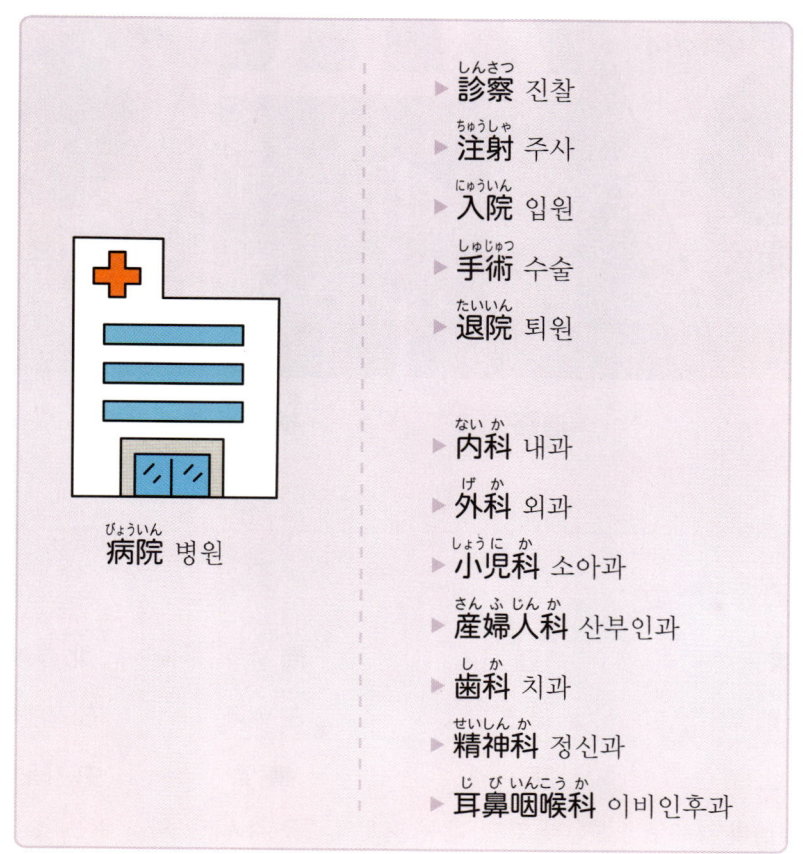

病院 병원

▶ 診察 진찰

▶ 注射 주사

▶ 入院 입원

▶ 手術 수술

▶ 退院 퇴원

▶ 内科 내과

▶ 外科 외과

▶ 小児科 소아과

▶ 産婦人科 산부인과

▶ 歯科 치과

▶ 精神科 정신과

▶ 耳鼻咽喉科 이비인후과

道路 · 도로
どう ろ

公園 공원
こうえん

信号 신호
しんごう

交差点 교차점
こうさてん

道路 도로
どうろ

横断歩道 횡단보도
おうだん ほ どう

● 알아둡시다 ●

방향과 관계있는 말

東 동쪽	西 서쪽	南 남쪽	北 북쪽
とう／ひがし	*せい／にし	なん／みなみ	ほく／きた
前 앞	後ろ 뒤	左 왼쪽	右 오른쪽
まえ	うし	ひだり	みぎ
上 위	下 아래	横 옆	中 가운데
うえ	した	よこ	なか

*西는 東西의 경우 とうざい라 읽고, 北는 南北의 경우 なんぼく라고 읽는다. 그래서
東西南北은 とうざいなんぼく라고 읽게 된다.

道路のまわりの建物 • 도로 주변 건물

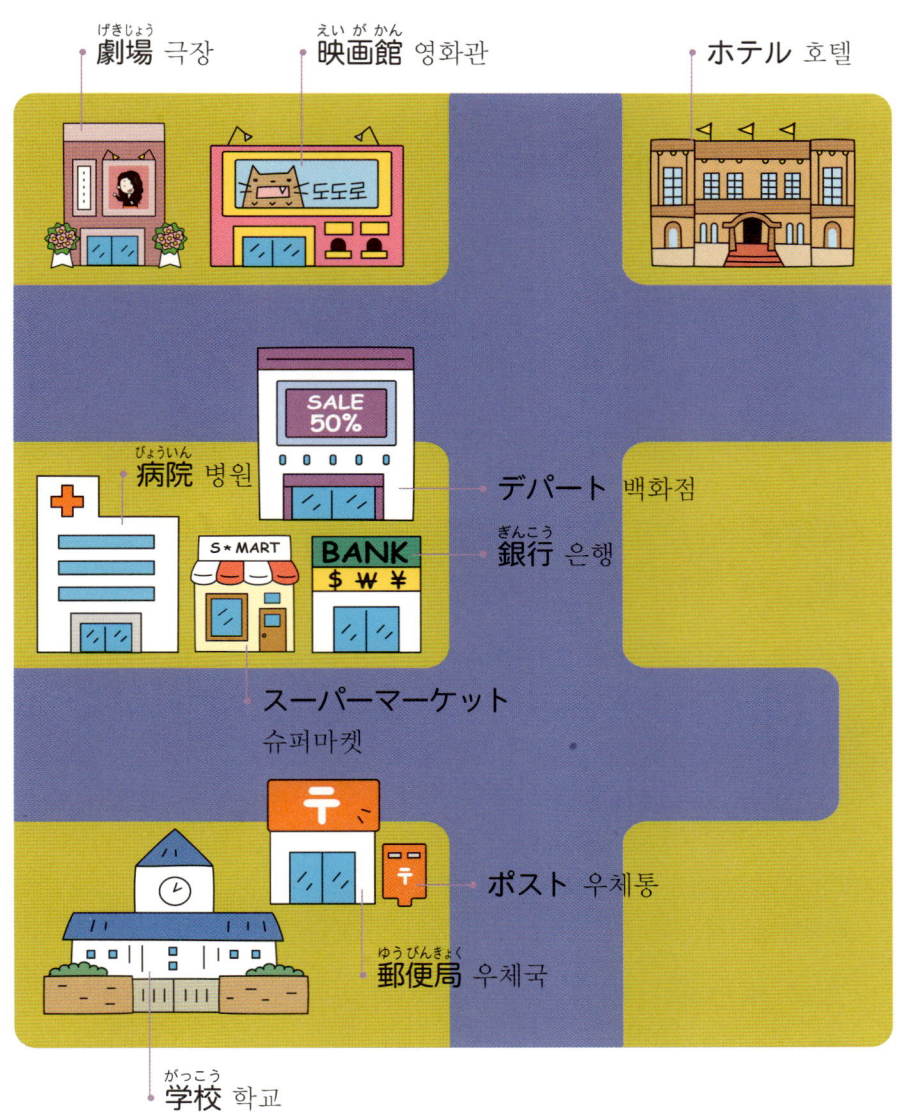

劇場 극장

映画館 영화관

ホテル 호텔

病院 병원

デパート 백화점

銀行 은행

スーパーマーケット
슈퍼마켓

ポスト 우체통

郵便局 우체국

学校 학교

● 알아둡시다 ●

「영화관」과 「극장」

일본에서는 영화를 상영하는 곳은 映画館, 연극이나 무대 공연을 하는 곳은 劇場로 구별해서 사용한다.

열넷째날

01_ ～ましょう。
02_ ～て きて ください。
03_ 가능표현 ～られる

 캠프장에서 🔘40

ホン
    さあ、さっそく 食事の 用意を
始めましょう。

アンヘル
    私は 何を したら いいですか。

WORDS

さあ 자, 어서　　さっそく 즉시, 곧바로　　用意(よう い) 준비
始(はじ)める 시작하다

1_ **さあ**는 '자, 어서'라는 뜻으로 재촉할 때 쓰는 말입니다.
　　또한 さあ는 확실한 대답을 회피할 때도 사용하는데, 우리말로는 '글쎄요'라는 말
에 해당합니다.

2_ 「**た형**」+ **ら**는 '～하면'이라는 뜻입니다.

　　(연습)　したら(하면)　　　食べたら(먹으면)　　　飲んだら(마시면)
　　　　　　行ったら(가면)　　　笑ったら(웃으면)　　　来たら(오면)

🌀心理テスト‼ (분석결과)

10초 동안에 10회 미만을 두드린 사람은 정신적으로 매우 느긋한 사람이라고 할 수 있
습니다. 10회~35회까지는 보통, 35~50회까지는 정신적 템포가 높은 편, 50회 이상은
불같은 성격의 소유자라고 말할 수 있습니다.

나는 무엇을
하면 좋습니까?

자, 곧바로
식사 준비를
시작합시다.

 일본어로 말해 보세요!

자, 곧바로 식사 준비를 시작합시다!

1. 공부   2. 파티   3. 시합(しあい)

1_ 자동사·타동사를 익혀 보겠습니다.

1. 문을 닫았습니다.(しめる)   → ドアを しめました。
   문이 닫혔습니다.(しまる)   → ドアが しまりました。

2. 불을 껐습니다.(けす)   → でんきを けしました。
   불이 꺼졌습니다.(きえる)   → でんきが きえました。

3. 자동차를 세웠습니다.(とめる) → くるまを とめました。
   자동차가 멈췄습니다.(とまる) → くるまが とまりました。

02 캠프장에서 ◎41

ホン
^흥ホン

アンヘルさんは　木の　枝を　集めて　きて
안 헤루 상 와 키 노 에다 오 아쯔메 떼 키 떼
ください。
쿠 다 사 이

私は　お米を　といだり、野菜を　切ったり
와따시 와 오 꼬메 오 토 이 다 리 야 사이 오 깃 따 리
します。
시 마 스

アンヘル
아 헤루
はい、わかりました。では、行って　きます。
하 이 와 까 리 마 시 따 데 와 잇 떼 키 마 스

WORDS

木(き) 나무　枝(えだ) 가지　集(あつ)める 모으다
米(こめ) 쌀　とぐ (물로 비벼) 씻다　野菜(やさい) 야채
切(き)る 자르다, 썰다　行(い)って きます 다녀오겠습니다

1 集(あつ)めて きて ください는 '모아 와 주세요'라는 말입니다.

우리말에도 '~고 와 주세요'라는 표현을 많이 쓰는데, 이 문형은 일본어에서도 많이 사용하고 있습니다.

연습 1. 사가지고 와 주세요.　→　買(か)って　きて　ください。
　　　2. 갖고 와 주세요.　　　→　持(も)って　きて　ください。
　　　3. 들고 와 주세요.　　　→　はこんで　きて　ください。
　　　4. 집어 와 주세요.　　　→　取(と)って　きて　ください。

2 ～たり ～たり します는 '~하거나(하고) ~하기도(하고) 합니다'
라는 문형입니다.

3 切(き)る는 '자르다'라는 동사로 겉모양은 「2그룹동사」 같지만, 「1그룹동사」입니다.
그러므로 切たり라고 하지 않고 **切ったり**라고 한 것입니다.

108 ●

안헤르 씨는,
나뭇가지를 모아 와 주세요.
나는 쌀을 씻거나
야채를 썰거나 하겠습니다.

네, 알겠습니다.
그럼 다녀오겠습니다.

 일본어로 말해 보세요!

안헤르 씨는 나뭇가지를 모아 와 주세요.
1. 어린이들   2. 학생들   3. 돈

1_ ～たり、～たり しました를 좀더 연습해 봅시다.

1. 웃기도 하고 울기도 했습니다.
   → 笑ったり 泣いたり しました。

2. 먹고 마시고 했습니다.
   → 食べたり 飲んだり しました。

3. 오고 가고 했습니다.
   → 行ったり 来たり しました。

4. 흐리고 맑고 했습니다.
   → 雲ったり 晴れたり しました。

캠프장에서 🔘 42

ホン	あら、アンヘルさん、はやいですね。
アンヘル	あちこちに 枝が たくさん 落ちて いたので らくに 集められました。
ホン	では、火を つけて 肉を やきましょう。

1_ あら는 여자들이 깜짝 놀랐을 때 내는 소리로 우리말의 '어머나!'에 해당되는 말입니다.

2_ 集める는 「2그룹동사」이므로 가능표현은 る를 떼어 버리고 られる를 붙이면 됩니다. 즉, 集められました는 '모을 수 있었습니다' 라는 뜻이 됩니다.

3_ 다음 동사를 가능표현으로 바꿔 보세요.

연습 1. 会う   → (   )
　　 2. 買う   → (   )
　　 3. 起きる → (   )
　　 4. 寝る   → (   )
　　 5. 来る   → (   )
　　 6. する   → (   )

Let's try

1. 어머나, 안헤르 씨 빠르네요.(빨리 오셨네요)

3. 그럼 불을 피우고 고기를 구웁시다.

2. 여기 저기에 나뭇가지가 많이 떨어져 있어서 쉽게 모을 수 있었습니다.

일본어로 말해 보세요!

쉽게 모을 수 있었습니다.
1. 살 수   2. 입을 수   3. 열 수

1_ 타동사와 자동사를 다시 한번 익혀 보겠습니다.

타동사	자동사
보다(見る)	보이다(見える)
열다(あける)	열리다(あく)
굽다, 태우다(やく)	구워지다, 타다(やける)
시작하다(はじめる)	시작되다(はじまる)
떨어뜨리다(おとす)	떨어지다(おちる)
세우다(とめる)	서다(とまる)
켜다(つける)	켜지다(つく)
끄다(けす)	꺼지다(きえる)

열다섯째날

01_ ～ようですね。
02_ ～し、
03_ まるで ～のようです。
04_ ～く なりましたね。

 01 캠프장에서 ◎ 43

ホン
카 루 비 가 야 케 마 시 따　이 - 니 오 이 데 쇼 -
カルビが やけました。いい においでしょう？

アンヘル
혼 또 - 니　이 - 니 오 이 가　시 마 스 네
ほんとうに いい においが しますね。

ホン
고 항 모 데 키 따　요 - 데 스 네
ご飯も できた ようですね。

アンヘル
데 와　이 타 다 끼 마 스
では、いただきます。

WORDS

> カルビ 갈비　やける 구워지다　におい 냄새
> においが する 냄새가 나다　ご飯(はん) 밥　できる 되다
> いただきます 잘 먹겠습니다

 Point

1_ できた <u>ようですね</u>의 **～よう**는 불확실하지만 단정을 나타내는 말로 '～인 것 같다'라는 뜻입니다. 동사나 「い형용사」는 원형에 붙여 쓰며, 명사는 ～の よう란 형태로 씁니다.

예 책인 듯합니다.　　→ 本の ようです。（명사）

가는 것 같습니다.　→ 行く ようです。（동사）

싼 것 같습니다.　→ 安い ようです。（い형용사）

2_ **においが する**는 '냄새가 나다'라는 말로, 일본어에서는 감각과 관련된 말은 ～が する로 표현하는 경우가 많습니다.

예 気が する(기분이 들다)　　はきけが する(멀미가 나다)

めまいが する(현기증이 나다)　かおりが する(향기가 나다)

Let's try

1. 갈비가 구워졌습니다. 좋은 냄새지요?
3. 밥도 된 것 같아요.

2. 정말로 좋은 냄새가 나는군요.
4. 그럼 잘 먹겠습니다.

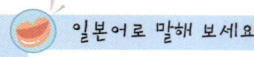

일본어로 말해 보세요!

정말로 좋은 냄새가 나는군요.

1. 소리　　2. 맛(あじ)　　3. 느낌(かんじ)

1　　요리에 관한 단어를 익혀 보겠습니다.

1. 감자를 씻다.　　→　じゃがいもを　あらう。
2. 양파를 까다.　　→　たまねぎを　むく。
3. 당근을 썰다.　　→　にんじんを　きる。
4. 생강을 으깨다.　→　しょうがを　おろす。
5. 고기를 굽다.　　→　にくを　やく。
6. 김을 굽다.　　　→　のりを　あぶる。
7. 야채를 볶다.　　→　やさいを　いためる。
8. 튀김을 튀기다.　→　てんぷらを　あげる。

02 캠프장에서  44

_홍 ホン	^{오 나까모 입 빠이니 낫 따시 촛 또} お腹も いっぱいに なったし、ちょっと
	^{미 즈우미노 호ー에 잇 떼 미마셍 까} みずうみの ほうへ 行って みませんか。
_{안 헤루} アンヘル	^{이ー데스네 사ー 이끼마 쇼ー} いいですね。さあ、行きましょう。

WORDS

お腹(なか) 배   いっぱい 잔뜩, 가득   ちょっと 잠시
みずうみ 호수

1_ 行って みませんか는 '가 보지 않겠습니까?' 라는 말로, 여기서 「て형」+みませんか는 '~해 보지 않겠습니까?' 라고 권유할 때 사용하는 문형입니다.

> [연습] 1. 써 보지 않겠습니까?   → ^{つか}使って みませんか。
>
> 2. 읽어 보지 않겠습니까?   → ^よ読んで みませんか。
>
> 3. 먹어 보지 않겠습니까?   → 食べて みませんか。
>
> 4. 마셔 보지 않겠습니까?   → 飲んで みませんか。
>
> 5. 가입해 보지 않겠습니까? → ^{か にゅう}加入して みませんか。

2_ お腹も いっぱいに なったし、는 직역하면 '배도 가득 되었고' 라는 말이지만 '배도 부르고 하니' 로 의역하는 것이 자연스럽습니다.

'배도 고프고 하니' 라는 표현은 お腹も すいたし、입니다. '배가 고픕니다' 는 お腹が すきました 또는 ペコペコです라고 합니다. ペコペコ란 깡통 등이 찌그러진 모양을 말합니다.

3_ いいですね는 '좋군요, 좋은 생각이군요' 라는 뜻입니다.

Let's try

배도 부르고 하니, 잠시 호수 있는 쪽에 가 보지 않겠습니까?

좋은 생각이군요. 자, 갑시다.

일본어로 말해 보세요!

배도 부르고 하니 산책이라도 합시다.

1. 공부도 끝났고 하니   2. 시간도 있고 하니

3. 날씨도 좋고 하니

1 '~고 하니'라는 표현을 익혀 보겠습니다.

1. 배도 고프고 하니   → お腹も すいたし

2. 모두 왔고 하니   → みんな 来^きたし

3. 이제 지쳤고 하니   → もう 疲^{つか}れたし

4. 이제 끝났고 하니   → もう 終^{おわ}ったし

5. 이제 모두 돌아갔고 하니 → もう みんな 帰^{かえ}ったし

ホン
スバラシ ー ユー야께데 스 네
すばらしい 夕焼ですね。

アンヘル
혼또ー니 키 레ー데스네
本当に きれいですね。

마 루데 이찌마이 노   샤 신 노 요ー데스네
まるで 一枚の 写真の ようですね。

ホン
소ー데 스 네
そうですね。

1_ すばらしい 는 '굉장하다, 멋있다, 근사하다, 훌륭하다' 라는 뜻으로,
주로 자연이나 예술의 아름다움을 표현할 때 사용하는 말입니다.

2_ まるで ～のようです 는 '마치 ～같습니다' 라는 뜻의 문형입니다.

연습 1. 마치 선생님 같습니다. → まるで 先生の ようです。
2. 마치 도깨비 같습니다. → まるで おにの ようです。
3. 마치 거짓말 같습니다. → まるで うその ようです。
4. 마치 영화 같습니다. → まるで 映画の ようです。
5. 마치 어린이 같습니다. → まるで 子供の ようです。
6. 마치 여자 같습니다. → まるで 女の ようです。
7. 마치 거지 같습니다. → まるで こじきの ようです。

1. 근사한 저녁 노을이군요.

3. 그렇네요.

2. 정말로 멋있군요. 마치 한 장의 사진 같군요.

일본어로 말해 보세요!

마치 한 장의 사진 같군요.

1. 한 편(いっぺん)의 영화   2. 한 편의 드라마(ドラマ)

3. 만화(まんが)

1_ 다음 우리말을 일본어로 옮겨 보세요.

홍	안헤르 씨, 요리가 다 되었어요. 어때요? 좋은 냄새지요?
안헤르	와, 정말로 좋은 냄새가 나는군요.
홍	안헤르 씨, 맥주를 한잔 더 하시겠습니까?
안헤르	고맙습니다.

⬇

ホン   ....
アンヘル ....
ホン   ....
アンヘル ....

^홍
ホン
<small>소라 니 와　닥　산　노　호시가　데떼　이마스네</small>
空には たくさんの 星が 出て いますね。

^{안　헤루}
アンヘル
<small>사이 낑　토까이데 와　고노　요ー나　호시와</small>
最近、都会では この ような 星は
<small>미 라 레 나 꾸　나리마시 따네</small>
見られなく なりましたね。

^홍
ホン
<small>소ー데 스 네　잔 넨 데 스 네</small>
そうですね。ざんねんですね。

WORDS

空(そら) 하늘　　星(ほし) 별　　出(で)る 나오다
最近(さいきん) 최근　　都会(とかい) 도회, 도시
この ような 이와 같은　　ざんねん 유감

1_ 見られなく なりましたね를 분석해 보겠습니다. 見られる는 見る의 가능표현으로
'볼 수 있습니다'라는 뜻입니다. 見られる는「2그룹동사」이므로 부정형을 만들려
면 끝의 る를 떼고 ない를 붙이면 됩니다.

그리고 ~く なりましたね는 '~하게 되었죠?'라는 뜻의 문형으로, 끝의 **ね**는 '그
렇지 않아요?'라고 상대방의 동의를 구하는 의미로 쓰입니다.

따라서 見られなく なりましたね는 '볼 수 없게 되었죠?'라는 뜻이 됩니다. 긍정
문에는 ~ように なりました라는 문형을 사용합니다.

연습 1. 먹을 수 없게 되었습니다. → 食べられなく なりました。
2. 먹을 수 있게 되었습니다. → 食べられる ように なりました。
3. 마실 수 있게 되었습니다. → 飲める ように なりました。
4. 갈 수 없게 되었습니다. → 行けなく なりました。

1. 하늘에는
많은 별이 나와 있군요.

3. 그렇군요.
유감이네요.

2. 최근, 도시에서는
이와 같은 별은
볼 수 없게 되었죠?

 일본어로 말해 보세요!

최근, 이와 같은 별은 볼 수 없게 되었군요.

1. 음식(食べ物) / 먹을 수 없게
2. 물건(もの) / 살 수 없게
3. 물건 / 만들 수 없게

1 '~할 수 없게 되다'라는 표현은 다음과 같습니다.

동사	가능표현	~할 수 없다	~할 수 없게 되다
行く	行ける	行けない	行けなく なる
寝る	寝られる	寝られない	寝られなく なる
来る	来られる	来られない	来られなく なる
する	できる	できない	できなく なる

도쿄 디즈니랜드(東京<ruby>ディズニーランド</ruby>)
とうきょう

일본 최대의 유원지인 도쿄 디즈니랜드는 미국의 디즈니랜드를 그대로 옮겨 놓은 듯한 모습으로, 1983년에 만들어졌습니다. 갖가지 테마로 이루어진 재미있는 놀이시설과 동화 속 세계로 들어온 듯한 기분을 느끼게 하는 퍼레이드와 불꽃놀이 등의 다양한 이벤트로 많은 인기를 얻고 있습니다.

① 월드바자(ワールドバザール)

정문으로 들어가자마자 보이는 곳으로 빅토리아 왕조풍의 건물들이 들어서 있습니다. 미국의 19~20세기 거리를 재현한 곳으로 영화상영 및 게임시설, 각종 캐릭터 상품을 판매하고 있습니다.

② 어드벤처랜드(アドベンチャーランド)

'카리브해적'과 '정글 크루즈' 등 재미있는 놀이기구가 많은데요, 보트를 타고 정글로 들어가면 스릴 넘치는 모험을 즐길 수 있습니다.

③ 웨스턴랜드(ウエスタンランド)

미국 서부의 개척시대로 건너온 듯한 느낌을 주는 곳인데요, 초스피드로 달려가는 '빅 선더 마운틴', '컨트리 베어 극장' 등 스릴과 함께 미서부 개척시대를 체험할 수 있습니다.

④ 판타지랜드(ファンタジーランド)

도쿄 디즈니랜드에서 가장 인기가 높은 곳인데요, '백설공주와 일곱난장이', '피터팬' 등 동화의 세계가 그대로 재현된 곳입니다. 디즈니랜드의 캐릭터가 총출동하여 춤도 추고 노래도 하는 퍼레이드도 있습니다. 또 세계 여러 나라의 민속의상을 입은 어린이 인형들도 만나볼 수 있는 곳입니다.

⑤ 크리터 컨트리(クリッターカントリー)

스릴 넘치는 놀이기구가 많은 곳입니다. '스플래시 마운틴', '비바 브라더스의 카누 탐험' 등은 높이 16m의 급류를 통나무보트로 순식간에 미끄러지 듯 낙하하는 놀이시설인데요, 스릴 만점으로 인기가 매우 높습니다.

⑥ 툰타운(トゥーンタウン)

미키마우스를 비롯 디즈니 캐릭터가 모여 사는 곳입니다. '미키의 집'에서는 뒷뜰의 스튜디오에서 촬영하는 미키를 만나 같이 사진도 찍을 수 있고요, '미니의 집'에서는 미니와 함께 아기자기하고 예쁜 집을 볼 수 있습니다.

⑦ 투모로 타운(トゥモロータウン)

신비한 우주여행과 로봇이 있는 미래의 세계를 체험해 볼 수 있는 놀이시설이 많은 곳입니다.

열여섯째날

01_ ところ
02_ た형 + ところです。
03_ 楽しみに して います。

 **01 학교 휴게실에서** 🔘47

アンヘル (안헤루)   ホンさん、今週の 土曜日に 時間が
(홍 상　콘슈ー노　도요ー비니　지깡가)
ありますか。
(아리마스까)

ホン (홍)   ええ、今の ところは あいて いますが、
(에ー　이마노　도꼬로와　아이떼　이마스가)
なにか いい ことでも あるのですか。
(나니까　이ー　코또데모　아루노데스까)

> **WORDS**
> 今週(こんしゅう) 이번 주 　時間(じかん) 시간 　ところ 형편, 경우
> あいて いる 비어 있다 　いい こと 좋은 일 　〜でも 〜라도

1_ 今の ところ는 '지금 형편으로는, 지금은' 이라는 뜻입니다. ところ는 보통 '곳, 장소'를 나타내지만, 여기서는 '경우, 형편'이라는 뜻으로 쓰였습니다.

2_ 실생활에서 많이 쓰는 짧은 표현들 ❶

1. 실례합니다.　　　　→ しつれいします。
2. 용서해 쥬세요.　　　→ ゆるして ください。
3. 살았습니다.　　　　→ たすかりました。(도움을 받았을 때)
4. 축하해요.　　　　　→ おめでとう。
5. 건배!　　　　　　　→ かんぱい!
6. 새해 복 많이 받으세요.　→ あけまして おめでとう (ございます)。
7. 행운이 따라 주는군요.　→ ついてますね。
8. 해 냈어!　　　　　　→ やった!

일본어로 말해 보세요!

뭔가 좋은 일이라도 있습니까?

1. 나쁜 일   2. 재미있는 일   3. 즐거운 일

1_ ありますか를 붙여 말할 수 있는 표현을 익혀 보겠습니다.

1. 회원입니다만, 할인이 됩니까?
   → 会員ですが、わりびきは ありますか。

2. 이 근처에 한국 식당이 있습니까?
   → この 近くに 韓国の レストランは ありますか。

3. 사진을 찍을 시간은 있습니까?
   → 写真を とる 時間は ありますか。

4. 한국에 온 적이 있습니까?
   → 韓国へ 来た ことが ありますか。

5. 예정이 있습니까?
   → 予定が ありますか。

アンヘル（안 헤루）　チョンキョンファさんの　バイオリン
（총 　 콩 　 화 　 산 노 　 바이오 링）

コンサートの　チケットを　二枚　予約して
（콘 사 ー 토노 　치 켓 토오 　니 마이 　요야꾸시 떼）

おきましたが、いっしょに　行きませんか。
（오 끼 마 시 따 가 　 잇 쇼 니 　이 끼 마 셍 　까）

ホン（홍）　え、ほんとうですか。実は　チョンさんの
（에 　혼 또 ー 데 스 까 　지쯔 와 　총 　 산 노）

コンサートに　行きたかったんですが、
（콘 사 ー 토니 　이 끼 따 깟 　딴 데 스 가）

予約が　とれなくて　あきらめて　いた
（요야꾸가 　토 레 나꾸 떼 　아 끼 라메 떼 　이 따）

ところです。
（토 꼬 로 데 스）

WORDS

コンサート 콘서트　チケット 티켓　予約(よやく) 예약
おく 두다　実(じつ)は 실은　とる 예약하다
あきらめる 포기하다

1 '예약을 하다' 라는 말은 **予約を　とる**입니다. '예약을 할 수 없어서' 라는 표
현은 予約が　とれなくて라고 하시면 됩니다.

2 「た형」+ ところです는 '～했던 참입니다' 라는 말을 만드는 문형입니다.

연습 1. <u>食べる</u>　ところです。　　먹을 참입니다.　　（아직 먹지 않음）
　　　2. <u>食べて　いる</u>　ところです。먹고 있는 참입니다. （먹는 중임）
　　　3. <u>食べた</u>　ところです。　먹었던 참입니다.　（다 먹었음）

124 ●

네?! 정말입니까?
실은 정 씨의 콘서트에 가고
싶었습니다만, 예약을 할 수 없어서
포기하고 있던 참입니다.

정경화 씨의
바이올린 콘서트 티켓을
2장 예약해 두었습니다만,
함께 가지 않겠습니까?

 일본어로 말해 보세요!

음악회에 가고 싶었습니다만, 예약을 할 수 없었습니다.

1. 전시회(てんじかい)   2. 리사이틀(リサイタル)

3. 피아노 콘서트

1_ **とる**는 다음과 같이 여러 가지 의미로 쓰이고 있습니다.

1. 예약을 하다   → 予約を　とる
　　　　　　　　　　　　（よやく）

2. 신문을 구독하다   → 新聞を　とる
　　　　　　　　　　　　（しんぶん）

3. 책임을 지다   → せきにんを　とる

4. 생선회를 시키다   → さしみを　とる

5. 나이를 먹다   → 年を　とる
　　　　　　　　　　　　（とし）

6. 모자를 벗다   → ぼうしを　とる

アンヘル　それは　よかったですね。実は　私も
안 헤 루　소 레 와 요 깟 따 데 스 네　지쯔 와, 와따시 모

ずいぶん　苦労して　手に　いれました。
즈 이 붕 　쿠 로 - 시 떼 　테 니 　이 레 마 시 따*

ホン　どうも　ありがとうございます。
홍　도 - 모 　아 리 가 또 - 고 자 이 마 스

今週の　土曜日を　楽しみに　して　います。
콘 슈 - 노 　도 요 - 비 오 　타노 시 미 니 　시 떼 　이 마 스

WORDS	
ずいぶん 꽤, 몹시	苦労(くろう) 고생
手(て)に 入(い)れる 손에 넣다	楽(たの)しみ 즐거움

Point

1 楽しみに　して　います는 직역을 하면 '즐거움으로 하고 있겠습니다' 라는 말로, '즐거운 마음으로 그 날을 기대하고 있겠습니다' 라는 뜻입니다. 또한 '기대하세요' 라는 표현은 **お楽しみに**라고 합니다. 텔레비전 드라마 등에서 예고편을 보여 주며 お楽しみに 또는 ご期待(きたい)ください라고 하는 말이 바로 이 '기대해 주십시오' 라는 말입니다.

2 실생활에서 많이 쓰는 짧은 표현들 ❷

1. 지금 바쁩니까?　→　今 いそがしいですか
2. 도와 드릴까요?　→　手伝いましょうか。
3. 처음입니까?　→　初めてですか。
4. 연락해요!　→　連絡してね。
5. 전화해요!　→　電話してね。
6. 왜지요?　→　どうしてですか。
7. 유감이지만,　→　ざんねんですが、
8. 할 수 없습니다.　→　できません。

그것 참 잘 됐군요.
실은 나도 꽤 고생해서
손에 넣었습니다.

정말 고맙습니다.
이번 주 토요일을 즐거운
마음으로 기대하고
있겠습니다.

일본어로 말해 보세요!

나도 고생해서 손에 넣었어요.

1. 사다   2. 구하다(もとめる)   3. 만들다

心理テスト!!

지금 당신이 가장 소중하게 여기는 사람으로부터 무언가 선물을 받게 된다면 다음 중에서 어떤 것을 받고 싶습니까?

1. 手紙(てがみ) 편지

2. 本(ほん) 책

3. 財布(さいふ) 지갑

4. システム手帳(てちょう) 다이어리 수첩

5. 鏡(かがみ) 거울

열일곱째날

01_ ~とは
02_ ます형+ながら

 01 콘서트 홀에서 💿50

ホン
きょうの コンサートは ほんとうに
すばらしかったですね。

アンヘル
ええ、天才とは、どのような ものかが
わかりましたね。とても 感動しました。

WORDS

天才(てんさい) 천재   どのような 어떠한   わかる 알다
とても 매우   感動(かんどう) 감동

1_ ~とは는 앞의 말을 설명하거나, 단정할 때 사용하는 말로 '~라는 것은, ~란'이라는 뜻입니다.

예 人生(じんせい)とは (인생이란)

心理テスト!! 분석결과

이것은 스스로 자신에게 부족하다고 느끼는 부분이 무엇인가를 알아보는 테스트입니다.

1. 手紙 / 愛情(あいじょう) 애정

2. 本 / 知識(ちしき) 지식, 教養(きょうよう) 교양

3. 財布 / 経済(けいざい) 경제

4. システム手帳 / 仕事(しごと) 일

5. 鏡 / 美(うつく)しさ 아름다움, 外見(がいけん) 외모

128

오늘 콘서트는 정말 훌륭했지요?

네, 천재란 어떤 것인가를 알게 되었습니다. 매우 감동했습니다.

 일본어로 말해 보세요!

천재란 어떤 것인가를 알게 되었습니다.
1. 인생(人生)   2. 여성(女性)
3. 종교(しゅうきょう)

1 다음 말을 과거형으로 바꿔 보겠습니다.

1. わか<u>る</u>   → わか<u>った</u>
2. わかり<u>ます</u>   → わかり<u>ました</u>
3. <u>する</u>   → <u>した</u>
4. し<u>ます</u>   → し<u>ました</u>
5. おいし<u>い</u>   → おいし<u>かった</u>
6. おいしい<u>です</u>   → おいし<u>かった</u>です・おいしい<u>でした</u>
7. 好き<u>だ</u>   → 好き<u>だった</u>
8. 好き<u>です</u>   → 好き<u>だった</u>です・好き<u>でした</u>

02 레스토랑에서 🔘 51

ホン^흥
すてきな お店ですね。
（스테키나 오미세데스네）

アンヘル^{안 헤루}
なかなか いい ところでしょう。
（나까나까 이- 토꼬로데 쇼-）

ここは スペイン料理の レストランで、
（고꼬와 스페인료-리노 레스토란데）

本場の 味が 楽しめます。それに、
（홈바노 아지가 타노시메마스 소레니）

食事しながら フラメンコも 見られますよ。
（쇼꾸지시나가라 후라멩코모 미라레마스요）

WORDS

すてきな 근사한	なかなか 꽤, 상당히	本場(ほんば) 본고장
味(あじ) 맛	それに 게다가	〜ながら 〜하면서

1_ **すてきな**는 '근사한' 이라는 뜻의 「な형용사」입니다.

　(예) 근사한 사람　→ すてきな 人

　　　근사한 여성　→ すてきな 女性(じょせい)

2_ **楽しめます**는 楽しむ(たの)(즐기다)에서 변형된 말입니다.

　즉, 가능표현(楽しめる)에 정중형 ます를 붙인 것으로, '즐길 수 있습니다' 라는 뜻이 되겠지요.

3_ 「**ます형**」+**ながら**는 '〜하면서' 라는 말을 만드는 문형입니다.

　자주 쓰이는 말이므로 꼭 기억해 두세요.

　(연습) 1. 보면서　→ 見ながら　　　　2. 먹으면서　→ 食べながら

요즈음 젊은이들은 텔레비전을 보면서 밥도 먹고 책도 보는 등, 동시에 2~3가지 행동을 하는 것이 보통입니다. 이렇게 '〜하면서 〜하는' 부류의 사람들을 일본에서는 「ながら 族(ぞく)」라고 합니다. あなたも 「ながら族」ですか。

근사한 가게군요.

꽤 괜찮은 곳이지요?
여기는 스페인요리 레스토랑으로,
본고장의 맛을 즐길 수 있습니다.
게다가 식사하면서 플라멩고도
볼 수 있어요.

 일본어로 말해 보세요!

게다가 식사하면서 플라멩고도 볼 수 있어요.
1. 민속무용(みんぞくぶよう)   2. 영화   3. 쇼(ショー)

1_ 실생활에서 많이 쓰는 짧은 표현들 ❸

1. 당치도 않은 이야기군요.　　→ とんでも　ない　話ですね。
2. 결코 그렇지 않아.　　　　　→ とんでも　ない。
3. 네 마음대로 해!　　　　　　→ かってに　したら。
4. 이제 그만 봐 줘요!　　　　　→ もう　かんべんしてよ。
5. 전혀 모르겠습니다.　　　　　→ ぜんぜん　わかりません。
6. 어느 쪽이라도 상관없습니다.　→ どちらでも　けっこうです。
7. 좋아요.　　　　　　　　　　→ いいよ。
8. 옳은 말씀입니다.　　　　　　→ その　とおりです。

八百屋 야채 가게

肉屋 정육점

魚屋 생선 가게

果物屋 과일 가게

床屋 이발소

美容院 미용실

文房具屋 문방구점

靴屋 구두 가게

パン屋 제과점

バス 버스

タクシー 택시

じ どうしゃ　くるま
自動車／車 자동차

ひ こう き
飛行機 비행기

オートバイ 오토바이

じ てんしゃ
自転車 자전거

ふね
船 배

でんしゃ
電車 전철

き しゃ
汽車 기차

バスケットボール 농구

- スポーツ 스포츠
- せんしゅ
選手 선수
- し あい
試合 시합

サッカー 축구

やきゅう
野球 야구

バレーボール 배구

スキー 스키

バドミントン 배드민턴

テニス 테니스

ピンポン 탁구

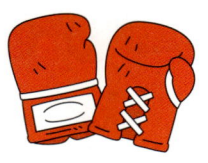

ボクシング 권투

マラソン 마라톤

すもう 일본 씨름

トランプ 트럼프

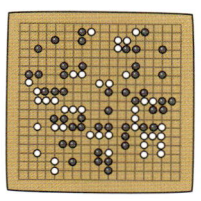

ご
碁 바둑

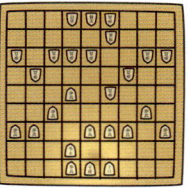

しょうぎ
将棋 장기

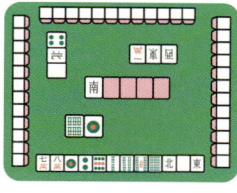

マージャン 마작

ごもくなら
五目並べ 오목두기

はなふだ
花札 화투

パチンコ 빠찡꼬

けいば
競馬 경마

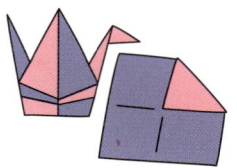

お がみ
折り紙 종이접기

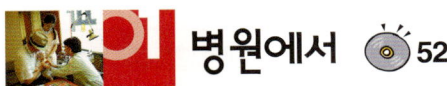

열 여덟째날

01_ ～く なる。
02_ 느낌, 맛, 감각＋が する。
03_ 강조의 の
04_ ～ない ほうが いいです。

01 병원에서 💿52

おいしゃさん ^{도-시마시따}
どう しました？

ワン ^{오나까가 이따이노데스}
おなかが いたいのです。

おいしゃさん ^{이츠까라 이타꾸 낫따노데스까}
いつから いたく なったのですか。

ワン ^{유-베 노꼬리노 스시오 다베떼까라}
ゆうべ のこりの すしを 食べてから

^{이타꾸 나리마시따}
いたく なりました。

WORDS どう しました? 어디가 아파서 오셨습니까?   ゆうべ 어젯밤
のこり 나머지   すし 초밥

1_ **どう しました？**는 직역하면 '어떻게 했습니까?' 라는 말이지만, 병원에 갔을 때는 '어디가 아파서 오셨습니까?' 라는 뜻으로도 사용합니다.

2_ 「て형」＋**から**는 '～하고 나서' 라는 말을 만드는 문형입니다. 문장과 문장을 연결할 때 사용합니다.

예 食べて から 먹고 나서   飲んで から 마시고 나서
   して から   하고 나서   来て から   오고 나서

3_ 병원에서 자신의 증상을 설명할 때 사용하는 말입니다.
1. 코피가 납니다.   → はなぢが でます。
2. 코를 풀면 아픕니다. → はなを かむと いたいです。
3. 코가 막힙니다.   → はなが つまります。

Let's try

1. 어디가 아파서 오셨습니까?

3. 언제부터 아프게 된 것입니까?

2. 배가 아픕니다.

4. 어젯밤 남은 초밥을 먹고 나서 아프게 되었습니다.

일본어로 말해 보세요!

A : 언제부터 아프게 된 것입니까?

1. 가렵게(かゆく)　　2. 친하게(したしく)　　3. 이상하게(おかしく)

B : 초밥을 먹고 나서 아프게 되었습니다.

1. 가렵게(かゆく)　　2. 친하게(したしく)　　3. 이상하게(おかしく)

1 병과 관련된 단어를 익혀 보겠습니다.

1. 熱(ねつ) 열
2. かぜ 감기
3. せき 기침
4. はなみず 콧물
5. 胃(い) 위
6. のど 목구멍
7. げり 설사
8. べんぴ 변비
9. むね 가슴
10. 呼吸(こきゅう) 호흡
11. 血(ち) 피
12. むくみ 부기
13. 食欲(しょくよく) 식욕
14. ひふ 피부
15. 外科(げか) 외과
16. 血圧(けつあつ) 혈압
17. 薬(くすり) 약
18. いたみ 통증

おいしゃさん
오 이 샤 상
　ノ꼬리노 스시오 다베따 또끼 헨 나
のこりの すしを 食べた とき、へんな

　아지와 시 마 센 데 시 따 까
味は しませんでしたか。

ワン
왕
　하 이 헨 나 아지와 시 마 센 데 시 따
はい、へんな 味は しませんでした。

おいしゃさん
오 이 샤 상
　도 노 헹 가 이찌방 이 따 이 데 스 까
どの 辺が 一番 いたいですか。

　고 꼬 데 스 까
ここですか。

ワン
왕
　하 이 소 꼬 가 이찌방 이 따 이 데 스
はい、そこが 一番 痛いです。

WORDS	
へんな 이상한　味(あじ) 맛　辺(へん) 근처	
一番(いちばん) 제일	

 Point

1_ 느낌, 맛, 감각+**が する**는 '(느낌이) 든다, (맛이) 난다' 라는 말입니다.

예 へんな 味が する。　　이상한 맛이 난다.

　　へんな においが する。이상한 냄새가 난다.

2_ 실생활에서 많이 쓰는 짧은 표현들 ❹

1. 설마!　　　　　　　→ まさか!
2. 그런가…　　　　　　→ そうかなあ。
3. 어떻게 좀 해 봐요.　→ なんとか してよ。
4. 우리끼리 이야기지만,　→ ここだけの 話ですが、
5. 하지만 말이야,　　　→ でもねえ、
6. 과연 그렇군요.　　　→ なるほど。

일본어로 말해 보세요!

이상한 맛은 나지 않았습니까?
1. 소리(おと)   2. 냄새(におい)   3. 느낌(かんじ)

心理テスト!!

집을 나와 역으로 가던 중 깜박 잊고 안 가져 온 물건이 있습니다. 무엇을 잊고 왔을 것이라고 생각하십니까?

1. 財布(さいふ) 지갑    2. ハンカチ 손수건

3. 手帳(てちょう) 수첩   4. 本(ほん) 책

5. 時計(とけい) 시계

おいしゃさん
_{오 이 샤 상}

この 薬を 一日に 3回 飲んで
_{고 노 쿠스리오 이찌니찌 니 상 까이 논 데}

ください。
_{쿠 다 사 이}

ワン
_왕

食前に 飲むのですか。
_{쇼꾸젠 니 노무노데스 까}

おいしゃさん
_{오 이 샤 상}

いいえ、食前では なく、食後に
_{이 - 에 쇼꾸젠 데 와 나 꾸 쇼꾸고 니}

飲むのです。
_{노 무 노 데 스}

WORDS

| 薬(くすり) 약   一日(いちにち) 하루   3回(かい) 3번 |
| 飲(の)む (약을) 복용하다   食前(しょくぜん) 식전 |
| ～では なく ～이 아니라   食後(しょくご) 식후 |

Point

1_ 飲む<u>の</u>ですか의 の는 강조하는 말로, 우리말의 '~것'에 해당하는 말입니다.
회화체에서는 の를 ん으로 바꿔 飲む<u>ん</u>ですか라고 합니다.

예 가는 겁니까? → 行くんですか。

오는 겁니까? → 来るんですか。

心理テスト!! 분석결과

이 테스트는 자신의 약점이나 불안하게 생각하고 있는 것이 무엇인지 알 수 있습니다.

1. 財布 / 경제적·금전적인 불안
_{さいふ}

2. ハンカチ / 생리적인 불안

3. 手帳 / 일에 관한 불안
_{てちょう}

4. 本 / 지적인 불안, 대인 관계에 대한 불안
_{ほん}

5. 時計 / 시간적인 불안
_{とけい}

1. 이 약을
하루에 3번 드세요.

3. 아니오, 식전이 아니라
식후에 먹는 겁니다.

2. 식전에
먹습니까?

 일본어로 말해 보세요!

식전이 아니라 식후에 먹는 겁니다.

1. 오늘/내일   2. 아침/밤   3. 매주/매일

1_ 실생활에서 많이 쓰는 짧은 표현들 ❺

1. 지금, 뭘 하고 있는 겁니까?   → いま 何を して いるんですか。

2. 무슨 일이야?   → どうしたの？

3. 왜 그런 일을 한 거야?   → なぜ そんな ことを したの？

4. 무슨 말을 하고 싶은 겁니까?   → 何を 言いたいんですか。

5. 언제 돌아옵니까?   → いつ もどって きますか。

6. 그거 괜찮군요.   → それは いいですね。

7. 참으로 지당하신 말씀입니다.   → まったく その とおりです。

8. 네 말이 맞아.   → いえてる。

ワン
^{쿄ー 각꼬ー에 이까나이 호ー가}
きょう 学校へ 行かない ほうが
^{이ー데스 까}
いいですか。

おいしゃさん
^{이ー에 타이시따 코또데와 나이까라}
いいえ、たいした ことでは ないから、
^{각꼬ー니와 잇 떼 쿠다사이}
学校には 行って ください。
^{심빠이 이리마 셍 요}
心配 いりませんよ。

ワン
^{소ー데스 까 아리가또ー고자이마시 따}
そうですか。ありがとうございました。

おいしゃさん
^{오 다이지 니}
お大事に。

Point

1_ 心配 いりませんよ는 직역하면 '걱정 필요 없어요'라는 말로 '걱정 안 하셔도 됩니다'라는 뜻입니다.

2_ お大事に도 직역하면 '소중하게'가 되지만, '몸을 소중히 하세요'라는 문장이 축약되어 있는 형태입니다. '건강에 유의하세요'라는 뜻으로 문병(おみまい) 갔다 돌아갈 때, 아픈 사람에게 お大事に라고 인사하시면 됩니다.

3_ たいした 뒤에 부정형이 오면 '별로 대수롭지 않다'라는 뜻이 됩니다. たいした ことでは ないから는 '별로 대수롭지 않은 일이니까'라는 뜻입니다.

4_ 〜ない ほうが いいです(か)는 '〜(하지) 않는 게 좋습니다(까)' 라는 표현입니다.

例 1. 食べない ほうが いいです。(먹지 않는 게 좋습니다.)
   2. 行った ほうが いいですか。(가는 게 좋습니까?)

일본어로 말해 보세요!

아니오, 별로 대수롭지 않은 일이니까 학교에는 가세요.

1. 집에 돌아가   2. 공부하고 있어

3. 그대로 있어(そのまま いて)

1_ ワンさんは 病気를 핑계(こうじつ)로 学校에 가고 싶지 않은 눈치입니다.
아마도 많이 먹는다고, 학교에서 놀림(いじめ)을 당하고 있나 보군요.
日本의 学校에서는 육체적(にくたいてき), 정신적(せいしんてき)으로 연약한 아이를 골라 모두가 그 아이만 集中的(しゅうちゅうてき)으로 괴롭히는 「いじめ」때문에 자살(じさつ)을 하는 등 하여, 社会的問題(しゃかいてきもんだい)가 되고 있습니다.
'일본 사람들은 약한 사람에게는 강하고, 강한 사람에게는 약하다' 라는 말이 있습니다. 「いじめ」도 이러한 일본인의 습성에서 온 것이 아닐까 생각됩니다. '일본인은 약자에 강하고 강자에 약하다' 라는 말에, 인간에게는 본능적으로 그러한 습성이 있으므로 일본 사람만 그렇다고 말하는 것은 억울하다고 반론을 펴는 일본인도 있습니다. 여러분은 어떻게 생각하십니까?

열아홉쨋날

01_ いらっしゃる
02_ 〜が 苦手だ。
03_ 가정표현 〜ば

 **01 선배 집에서** 🔘 56

> ホン 　ごめんください。
> 　　　　고 멩 쿠 다 사 이
>
> テオ 　あ、ホンさん、よく いらっしゃいました。
> 　　아 　홍 상 　요 꾸 이 랏 샤 이 마 시 따
>
> 　　　さあ、どうぞ。
> 　　　사 － 도 － 조
>
> ホン 　失礼します。
> 　　　시쯔레－ 시 마 스

> **WORDS** ごめんください 계십니까? よく 잘
> いらっしゃいました 오셨습니다 さあ 자, 어서
> 失礼(しつれい) 실례

1_ ごめんください는 '미안합니다' 라는 뜻이지만, 남의 집을 방문했을 때는 '계십니까, 아무도 안 계세요?' 라는 뜻으로 쓰입니다.

2_ いらっしゃいます는 '오시다, 가시다, 계시다' 라는 세 가지 뜻이 있습니다.
이 동사의 원형은 いらっしゃる인데 「ます형」을 만들 때는 예외로서 いらっしゃります가 아니고 いらっしゃいます라고 해야 합니다.

　(연습) 1. 잘 오셨습니다.　→　よく いらっしゃいました。
　　　　2. 다녀 오세요.　　→　いって (い)らっしゃい。

3_ さあ、どうぞ는 '자, 어서 들어 오세요' 라는 말입니다. 여기서 さあ는 '자, 어서' 라는 뜻으로 재촉할 때 씁니다.

144 ●

Let's try

1. 계십니까?

3. 실례하겠습니다.

2. 아, 홍 양, 잘 오셨습니다. 자, 어서 들어오세요.

일본어로 말해 보세요!

자, 어서 들어오세요.

1. 들어가세요   2. 앉으세요   3. 드세요

1 실생활에서 많이 쓰는 짧은 표현들 ⑥

1. 해 냈어(됐어!)   → やったあ!(성공했을 때)

2. 잘 하는군.   → うまいね。(칭찬, 격려할 때)

3. 엣! 정말?   → えっ、ほんとう？

4. 아뿔싸!   → しまった！

5. 안됐습니다.   → ざんねんでした。

6. 이거 너무하구만.   → こりゃ ひどい。(좋지 않은 것을 보고 놀랄 때)

7. 어처구니없다.   → ばかみたい。

8. 당연한 것이지요.   → あたりまえですよ。

02 선배 집에서 ⊙ 57

<ruby>受験勉強<rt>테오</rt></ruby>は うまく いっていますか。
テオ

（쥬켐벵꾜-와 우마꾸 잇떼이마스까）

ホン
私は 数学が 苦手で いま ちょっと 困って
います。

（와타시 와 스-가꾸 가 니가테 데 이마 춋 또 코맛 떼）
（이 마 스）

なにか いい 方法は ありませんか。

（나니까 이- 호-호-와 아리마 셍 까）

テオ
数学は 基礎が たいせつだから、基礎から
始めて ください。

（스-가꾸 와 키 소 가 타 이세쯔다 까라 키 소 까라）
（하지 메 떼 쿠 다 사 이）

WORDS

受験(じゅけん) 수험　　勉強(べんきょう) 공부
うまく いく 잘 되어 가다　　数学(すうがく) 수학
苦手(にがて) 질색　　困(こま)る 곤란하다　　方法(ほうほう) 방법
基礎(きそ) 기초　　たいせつ 중요함

1 **うまく いく**는 '목적한 대로 일이 잘 되어 가다' 라는 뜻으로 일상 생활에서 많이 사용하는 말입니다.

　예 일은 잘 되어 가고 있습니까? → しごとは うまく いって いますか。

2 **苦手**는 '상대하기 껄끄러운 상대' 라는 뜻의 「な형용사」입니다.

　연습 저 투수는 다루기 껄끄러운 상대다. → あの 投手は 苦手だ。
　　　나는 어린아이는 잘 못 다룹니다. → 私は 子供が 苦手だ。

1. 수험 공부는 잘 되고 있습니까?

3. 수학은 기초가 중요하니까 기초부터 시작하세요.

2. 나는 수학이 질색이라서 지금 조금 애를 먹고 있습니다. 뭔가 좋은 방법은 없겠습니까?

🍙 일본어로 말해 보세요!

나는 수학이 질색입니다.
1. 어린아이   2. 바이올린   3. 공부

1 「基礎が たいせつ」이 말은 기초가 중요하다는 말입니다. 일본 사람들은 기초를 매우 중요하게 여깁니다. 또한 일을 할 때도 いいかげんに(대충대충) 처리하는 일도 없습니다. 모든 것이 규정에 따라 움직이므로 빨리 일이 진행되지 않아 답답하게 보여도 결과적으로는 이러한 방법이 더 빠르고 안전하다는 것을 터득한 것입니다. 일본에서는 한 겨울에도 학생들에게 반바지를 입힙니다. 무릎을 차게 해 주면 키가 큰다라는 이유도 있지만, 어려서부터 참을성을 길러 주기 위해서라고 합니다. 일본어 공부도 마찬가지입니다. 단어가 잘 안 외워지고, 문법 사항을 자꾸 잊어버리더라도 인내력을 가지고 반복해서 공부한다면 좋은 결과를 이룰 수 있을 것입니다.

ホン
^홍

^{칸 지 노　뱅꾜-와　도-　스레바　이-데스 까}
漢字の　勉強は　どう　すれば　いいですか。

テオ
^{테 오}

^{칸 지 와　마이니찌　스꼬시데모　카 꾸　렌슈- 오}
漢字は　毎日　すこしでも　書く　練習を

^{쯔즈께나 께레바　오보에라레마 셍　호 까니 이-}
続けなければ　覚えられません。ほかに　いい

^{호-호- 와　나 이 또　오모이마 스 네}
方法は　ないと　思いますね。

WORDS

漢字(かんじ) 한자　　すこし 조금　　書(か)く 쓰다	
練習(れんしゅう) 연습　　続(つづ)ける 계속하다	
覚(おぼ)える 기억하다, 외우다　　ほかに 그 밖에	

1 오늘은 「い형용사」와 동사의 가정법에 대해 설명드리겠습니다.
「**い형용사**」의 가정법은 끝의 **い**를 떼어 버리고 **ければ**를 붙이면 됩니다.

〔연습〕　おいし<u>い</u>(맛있다)　　　→　おいし<u>ければ</u>(맛있으면)
　　　　 な<u>い</u>(없다)　　　　　　→　な<u>ければ</u>(없으면)
　　　　 おいしくな<u>い</u>(맛있지 않다)　→　おいしくな<u>ければ</u>(맛있지 않으면)

동사인 경우는 그룹에 관계 없이 끝 발음 [u]를 [e]로 바꾸고 **ば**를 붙이면 됩니다.

〔연습〕　1. 行く[ik<u>u</u>]　　　→　行けば [ik<u>eba</u>](가면)
　　　　 2. 食べる[taber<u>u</u>]　→　食べれば [taber<u>eba</u>](먹으면)
　　　　 3. 来る[kur<u>u</u>]　　　→　来れば [kur<u>eba</u>](오면)
　　　　 4. する[sur<u>u</u>]　　　→　すれば [sur<u>eba</u>](하면)

한자 공부는
어떻게 하면 좋습니까?

한자는 매일
조금이라도 쓰는 연습을
계속하지 않으면 외울 수 없습니다.
그 밖에 좋은 방법은 없다고
생각합니다.

 일본어로 말해 보세요!

매일 쓰는 연습을 계속하지 않으면 안 됩니다. (なりません)

1. 읽는(読む)　　　2. 달리는(走る)　　　3. 춤추는(おどる)

1_　'~하면, ~라면'이라는 뜻의 가정법을 정리해 보겠습니다.

동사	그룹에 관계 없이 끝 발음 [u]를 [e]로 바꾼 뒤 ば를 붙인다.	いく たべる くる する	いけば たべれば くれば すれば
い형용사	い를 떼어내고 ければ를 붙인다.	おいしい ない	おいしければ なければ
な형용사	だ를 떼어내고 なら를 붙인다.	すきだ	すきなら
명사	だ를 떼어내고 なら를 붙인다.	ほんだ	ほんなら

초급
끝내기

3

드디어 초급단계를 마무리합니다.
가정·수동문형에 대해 학습하며,
이어서 의지·겸양·전언·사역·존경 표현을 익힙니다.
당신은 어느새 당당한 일본어 실력자가 되었습니다.

 **01 선배 집에서** 🎧 59

ホン　先輩は 卒業してから どう する つもりですか。
<ruby>셈빠이 와 소쯔교- 시 떼 까라 도- 스루 쯔모리데스 까</ruby>

テオ　大学院に すすんで、将来、大学の 先生に
<ruby>다이가꾸 인 니 스 슨 데 쇼-라이 다이가꾸 노 센 세- 니</ruby>

　　　なろうと 思って います。
<ruby>나 로 - 또 오못 떼 이 마 스</ruby>

ホン　すごいですね。
<ruby>스 고 이 데 스 네</ruby>

WORDS

卒業(そつぎょう) 졸업　つもり 작정, 계획
大学院(だいがくいん) 대학원　すすむ 나아가다, 진학하다
将来(しょうらい) 장래　すごい 굉장하다

 **Point**

1_ 오늘의 학습포인트는 '～하려고'라는 표현입니다. 이 표현도 「동사의 그룹」에 따라 활용 방법이 달라집니다. 먼저 「2그룹동사」인 경우는 끝의 る를 떼어 버리고 ようと만 붙이면 됩니다.

(예) 食べる → 食べようと (먹으려고)

「3그룹동사」는 「する」와 「くる」 둘뿐이므로, 다음과 같이 그냥 외우시면 됩니다.

(예) する → しようと (하려고)　　来る → 来ようと (오려고)

「1그룹동사」는 단어 끝의 [u]를 [ou]로 바꾸고 と를 붙이면 됩니다.

(예) 買う → 買おうと (사려고)

2_ ～(よ)うと 思います · ～(よ)うと 思って います는 '～하려고 생각합니다, ～하려고 합니다'라는 뜻입니다. 기본적으로는 ～たいです와 같은 뜻입니다.

152 ●

1. 선배님은 졸업하고 나서 어떻게 할 계획입니까?
3. 굉장하군요.

2. 대학원에 진학해서 장래 대학 교수가 되려고 생각하고 있습니다.

일본어로 말해 보세요!

장래 선생님이 되려고 생각하고 있습니다.

1. 의사   2. 변호사(べんごし)   3. 대통령(だいとうりょう)

1   다음 빈 칸을 채워 넣으세요.

동사원형	~하려고	~하면	~하지 않으면
帰（か）える		帰えれば	
やめる			
する			しなければ
行（い）く	行こうと		
寝（ね）る		寝れば	
来（く）る			来なければ

 **02 선배 집에서** 🔘 60

テオ この 辞書、すこし 高いかも しれませんが、
(테오) (고노) (지쇼) (스꼬시) (타까이까모) (시레마셍 가)

大学でも 使うなら いいと 思いますね。
(다이가꾸 데 모) (쯔까우 나 라) (이 - 또) (오모이마스 네)

ホン それなら 少々 高くても こちらに します。
(홍) (소 레 나 라) (쇼-쇼-) (타까꾸 떼모) (고 찌라니) (시마스)

WORDS

辞書(じしょ) 사전   ~かも しれません ~일지도 모릅니다
使(つか)う 사용하다   それなら 그렇다면
少々(しょうしょう) 다소   ~に します ~로 하겠습니다

1. 오늘은 ~なら라는 가정표현을 익혀 보겠습니다. 여러 가지 표현을 알아두는 것이 바로 일본어 실력이니까 즐거운 마음으로 공부합시다.

~なら는 주로 어떤 조건을 내세울 때, 또는 '~같으면'이라는 표현을 할 때 사용하는 말입니다. 활용법은 다소 불규칙적이므로 예문을 통해 익혀 주시기 바랍니다.

명사나 「な형용사」는 ~だ나, ~な를 붙이지 않고 곧바로 なら를 붙입니다.

연습 1. 당신이라면　　→ <u>あなた</u>なら　　(명사)

2. 조용하다면　　→ <u>しずか</u>なら　　(な형용사)

3. 온다면　　　　→ <u>くる</u>なら　　　(동사원형)

4. 오지 않는다면　→ <u>こない</u>なら　　(동사부정)

5. 오지 않았다면　→ <u>こなかった</u>なら (동사과거부정)

2. **~に します(か)**는 '~로 하겠습니다(까)'라는 표현으로 선택을 나타냅니다.

예 A : 何に しますか。(무엇으로 하겠습니까?)

B : 私は コーヒーに します。(저는 커피로 하겠어요.)

154 ●

이 사전,
좀 비쌀지도 모르지만
대학에서도 쓸 거라면
좋다고 생각합니다.

그렇다면 다소
비싸더라도 이것으로
하겠습니다.

일본어로 말해 보세요!

대학에서도 쓸 거라면 이것이 좋다고 생각합니다.
1. 바다(うみ)   2. 직장(しょくば)
3. 주방(キッチン)

1_ ～かも しれません은 대부분 종지형에 붙여 씁니다.
하지만 명사와 「な형용사」의 경우는 예외입니다.

　예 안전할지도 모릅니다
　　→ <u>安全</u>かも　しれません。　　（○）（な형용사）
　　　あんぜん
　　　<u>安全だ</u>かも　しれません。　（×）

　　편지일지도 모릅니다
　　→ <u>手紙</u>かも　しれません。　　（○）（명사）
　　　て がみ
　　　<u>手紙だ</u>かも　しれません。　（×）

또한 종지형에서 ～です・～ます는 대부분 사용하지 않습니다.
왜냐하면 공손한 표현이 두 번 반복되기 때문입니다.

　예 올지도 모릅니다　→　<u>来る</u>かも　しれません　　（○）
　　　　　　　　　　　　　<u>来ます</u>かも　しれません　（×）

03 선배 집에서 🎧61

テオ 来週からは 大学祭が 始まりますが、

　　　ホンさんも ぜひ 来て ください。

　　　韓国の 料理も 食べられますからね。

ホン ほんとうですか。ぜひ、行って みたいですね。

　　　その 日を 楽しみに して います。

1 이제까지 배운 가정표현 「〜ば」「〜たら」「〜なら」를 정리해 보겠습니다.
「〜ば」는 두 가지 조건 중 어느 쪽을 선택할지 아직 정해지지 않았을 경우 사용합니다.

> 예 雨が 降らなければ、海で つりを する つもりですが、雨が 降れば、家で テレビでも 見る つもりです。 (비가 내리지 않으면 바다에서 낚시를 할 생각 입니다만, 비가 내리면 집에서 텔레비전이라도 볼 생각입니다.)

「〜たら」는 '지금 하고 있는 일이 끝났을 때'라는 가정을 할 때 사용합니다.

> 예 その 本を 読みおわったら、私に かして ください。
> (그 책을 다 읽으면 나에게 빌려 주세요.)

「〜なら」는 이미 확정되어 있는 조건에 근거하여 자신의 행위나 생각 등을 말할 경우에 사용합니다.

> 예 あなたが 行かないなら、私も 行きません。
> (당신이 안 가면 나도 안 가겠습니다.)

다음 주부터는 대학 축제가 시작됩니다만, 홍 양도 꼭 와 주세요. 한국 요리도 먹을 수 있으니까요.

정말입니까? 꼭 가 보고 싶군요. 그 날을 고대하고 있겠습니다.

일본어로 말해 보세요!

한국 요리도 먹을 수 있으니까 꼭 참가해 주세요.

1. 일본   2. 스페인   3. 네덜란드(オランダ)

1_ 동사의 '~한다면' 이라는 가정표현을 연습해 보겠습니다.

동사원형	~ば	~なら	~たら
行く	行けば	行くなら	行ったら
飲む	飲めば	飲むなら	飲んだら
見る	見れば	見るなら	見たら
やめる	やめれば	やめるなら	やめたら
来る	来れば	来るなら	来たら
する	すれば	するなら	したら

100엔 숍 / 대형약국 / 편의점

① 100엔 숍(百円ショップ)

우리 나라에도 최근 몇 년 전부터 1000원 균일가 가게가 많이 생기기 시작했습니다만, 일본에는 100엔 숍이 정말 많습니다. 일본에서도 처음에 100엔 숍이 생겼을 당시에는 '100엔 짜리 물건이 얼마나 좋겠어. 싸구려일거야'라고 생각하는 사람들이 많았다고 합니다. 하지만 100엔 숍에는 문구류, 부엌용품, 원예용품, 인테리어 용품, 패션용품 등 없는 것이 없고, 게다가 '이게 정말 100엔이야?'라고 놀랄 정도로 품질 좋은 상품들이 갖춰져 있답니다. 캔커피가 120엔, 담배가 280엔이나 하는 일본에서 뭐든지 100엔으로 살 수 있는 100엔 숍은 서민들에게는 정말 고마운 존재가 아닐 수 없습니다. 최근에는

100엔 숍 뿐만 아니라, 일본 각지에 99엔 균일가 편의점, 300엔 균일가 패션숍, 1000엔 균일가 양복점 등 다양한 종류의 가게가 생기고 있습니다. 참고로 일본에서는 상품에 보통 5%의 세금이 붙으니, 아무리 싸더라고 세금가격도 계산해 보시고 사시기 바랍니다.

② 대형약국(ドラッグストア)

일본의 약국은 약만 파는 우리 나라의 약국과는 전혀 다릅니다. 마츠모토키요시(マツモトキヨシ)를 비롯한 일본의 약국에는 약, 영양 드링크류는 물론 화장품, 샴푸, 린스, 인스턴트식품 등 다양한 물건이 빼곡이 진열되어 있답니다. 최근에는 잡지나 도시락을 취급하기도 하고 24시간 영업 등, 마치 편의점과 같은 약국 체인점들도 많이 생겨나고 있습니다. 물건값도 편의점이나 슈퍼마켓에 비해 싸기 때문에 일본에서는 많은 인기가 있습니다.

③ 편의점(コンビニ)

편의점은 현대 일본인의 생활에서 빼놓을 수 없는 존재가 되었는데요, 어느 편의점이나 매주 도시락, 빵, 디저트 등의 신제품을 출시하고 있고, 접객 서비스도 다른 가게와 차별화하는 등, 발전을 거듭하고 있습니다. 일본의 편의점에서는 물건을 편하게 살 수 있는 것 뿐만 아니라 아래와 같은 다양한 서비스도 이용할 수 있습니다.

(1) 화장실을 쓸 수 있답니다.
입지조건이나 보안문제 등으로 화장실을 쓸 수 없는 곳이 있기도 하지만, 일본의 대부분의 편의점에서는 화장실을 편하게 이용할 수 있습니다. 단, 화장실을 사용하기 전에 점원에게 '죄송하지만, 화장실을 써도 될까요?' 라고 한마디 물어보는 것이 매너겠지요?

(2) '길안내도'를 받을 수 있습니다.
일본에서 길을 잘못 찾을 때도 편의점에 한 번 가보세요. 손님의 편의를 위해서 주변의 길 안내도를 준비하고 있는 친절한 편의점이 적지 않답니다.

(3) 그 밖에도
현금인출 서비스, 택배의뢰, 복사기 등을 이용할 수 있고, 또 가게에 따라서는 점내에 우체통이 있는 곳도 있답니다.

스물하루째날

 **01 대학 축제에서** 🎧 62

ホン_홍 わあ、人が 多いですね。あちこち 店が
たくさん 並んで いますね。大学祭では 商売も
やるのですか。

テオ_{테오} ええ、学科や サークルの 活動費を 作る
ためです。

商売も やりますが、学科別に 演劇も
やりますよ。

WORDS

人(ひと) 사람   あちこち 여기저기   並(なら)ぶ 늘어서다
商売(しょうばい) 장사   やる 하다   サークル 서클
活動費(かつどうひ) 활동비   学科別(がっかべつ)に 학과별로
演劇(えんげき) 연극

1_ **～ためです**는 '～하기 위해서입니다' 라는 말입니다.
그리고 '～하기 위해서' 라고 말하고 싶으면 **'～ために'** 라고 한다는 것도 알
아두세요.

와아, 사람이 많군요. 여기저기 가게가 잔뜩 늘어서 있군요! 대학 축제에서는 장사도 하는 겁니까?

네, 학과나 서클의 활동비를 만들기 위해서입니다. 장사도 하지만, 학과별로 연극도 해요.

 일본어로 말해 보세요!

서클 활동비를 만들기 위해 아르바이트(アルバイト)를 합니다.
1. 노는 비용(あそびだい)　　2. 등록금(じゅぎょうりょう)
3. 학비(がくひ)

1_　일본의 대학 축제는 10월 중순에서 11월 초에 시작합니다.
각 학과나 서클에서는 1년간의 활동 비용을 마련하기 위해 온갖 기발한 아이디어를 생각해 내어 돈벌이를 합니다. 가장 흔한 것은 음식 장사이고, 음악 관련 서클은 유료 나이트클럽이라든가 재즈의 밤 등을 개최해 사람들을 끌어 모읍니다. 대학 축제 기간에는 대학 주변의 가게들도 대부분 문을 닫고 나와 온거리는 사람들의 물결로 가득하여, 대학 축제라기보다는 마을 축제와 같은 분위기입니다. 축제 기간에 일본 여행을 하실 계획이 있으시면 여러분도 일본의 대학 축제에 꼭 한번 참가해 보세요. 일본의 젊음을 만끽하실 수 있을 것입니다.

 **02 대학 축제에서** 🎧 63

ホン 今日、招いて いただいて
코－ 마네이떼 이따다이떼
흥

아리가또－고자이마시따
ありがとうございました。

テオ これは 日本語学科の ティーシャツですが、
테오 고레와 니홍고각까노 티－샤 쯔데스가

키넨니 사시아게따이노데스가
記念に さしあげたいのですが。

WORDS

招(まね)く 초대하다, 부르다   いただく 받다
ティーシャツ 티셔츠   記念(きねん) 기념   さしあげる 드리다

1 いただく는 もらう(받다)의 공손한 말입니다. 따라서 招(まね)いて いただいて 는 '초대받게 되어'라는 뜻의 예의 바르고 공손한 표현이 됩니다.

우리말에는 '만들어 받았다'라든지 '그려 받았다'라는 표현이 없어서 다소 어색하게 생각될 것입니다. '~해 주셨습니다'라는 표현은 ～して くださいました를 사용해도 됩니다만, 같은 뜻으로 ～て いただきました라는 표현을 주로 사용합니다.

연습 1. 나는 선생님에게 그림을 그려 받았습니다.
(선생님이 그림을 그려 주셨습니다.)
→ 私は 先生に 絵(え)を かいて いただきました。

2. 나는 선생님에게 일본어를 가르쳐 받았습니다.
(선생님이 일본어를 가르쳐 주셨습니다.)
→ 私は 先生に 日本語を 教(おし)えて いただきました。

오늘, 불러 주셔서
감사했습니다.

이것은
일본어 학과의 티셔츠입니다만,
기념으로 드리고 싶은데요.

 일본어로 말해 보세요!

대학 축제에 불러 주셔서 감사했습니다.(합니다)

1. 약혼(こんやく) 파티　　　2. 출판(しゅっぱん) 기념 파티
3. 개업(かいぎょう) 파티

1　「て형」+ **いただきました**는 '～해 받았습니다' 라는 뜻입니다.
　　자신을 낮추어서 상대를 높이는 공손한 말입니다.

　연습　1. 선생님이 돈을 내 주셨습니다.
　　　　→ 先生に　お金を　払って　いただきました。

　　　　2. 선생님이 이 책을 사 주셨습니다.
　　　　→ 先生に　この　本を　買って　いただきました。

　　　　3. 선생님이 일본 요리를 만들어 주셨습니다.
　　　　→ 先生に　日本の　料理を　作って　いただきました。

ホン　先輩、今日は　いろいろ　お世話に　なりました。
どうも。

テオ　ホンさんも　来年は　うちの　大学に　入って
ほしいですね。　がんばって　ください。

> WORDS　世話(せわ) 신세　　お世話(せわ)に　なる 신세를 지다　　うち 우리
> がんばる 노력하다, 버티다

 Point

1_ **お世話に　なりました**는 '신세를 졌습니다'라는 뜻입니다. '신세를 지겠습니다'는 お世話に　なります라고 하시면 됩니다.

2_ **「て형」+ほしい**는 '～해 주면 좋겠다'라는 바람을 나타내는 말입니다.
　연습　와 주면 좋겠다　→　来て　ほしい
　　　　그만두면 좋겠다　→　やめて　ほしい
　　　　사 주면 좋겠다　→　買って　ほしい

3_ **がんばって　ください**는 '끝까지 참고 노력하고 분발해 주세요'라는 뜻이 함축된 말입니다. 격려할 때 일본 사람들이 즐겨 쓰는 말입니다.
　예　힘내요!　→　がんばってね。
　　　힘내세요!　→　がんばりなさい。

선배님,
오늘은 여러 가지로
신세를 졌습니다.
고마워요.

홍 양도
내년에는 우리 대학에
들어오면 좋겠군요.
열심히 하세요.

🫘 일본어로 말해 보세요!

내년에는 우리 대학에 들어오면 좋겠군요.

1. 우리 회사　　　　2. 우리 서클
3. 도쿄 외국어(がいこくご) 대학

1_ 명령을 나타내는 말을 익혀 보겠습니다.

　1. 「て형」은 '～하세요, ～해요'라는 뜻의 문형입니다.

　　예 가!　 → 行って　　　　서!　 → 立(た)って
　　　 일어나! → 起(お)きて　　　 먹어! → 食べて

　2. 「ます형」+なさい 는 강한 명령을 나타냅니다.

　　예 일어나세요 　→ 起きなさい

　3. 「て형」+ください 는 '～해 주세요'라는 뜻의 문형입니다.

　　예 일어나 주세요 → 起きて ください

스물하루째날 ● **165**

스물둘째날

01 기숙사에서 ◎65

アンヘル ホンさん、りょうの 食事は もう
あきましたね。今日は 外で 食べませんか。

ホン そうですね。たまには 外で 食事するのも
いいと 思いますね。

WORDS あきる 질리다　外(そと)で 밖에서　たまには 가끔은

Point

1_ たまは '어쩌다가 한 번'이라는 뜻으로, **たまには**는 '때로는, 드물지만 가끔은'이라는 뜻입니다.

예 때로는 공부도 해라. → たまには 勉強も しなさい。

2_ 오늘은 여러 가지 부사에 대해서 알아보겠습니다.

1. 예를 들면　→ たとえば　　2. 즉　　　→ つまり
3. 그건 그렇고 → さて　　　　4. 여하튼　→ とにかく
5. 만일　　　→ もし　　　　　6. 따라서　→ したがって
7. 물론　　　→ もちろん　　　8. 게다가　→ そのうえ

홍 양, 기숙사
식사는 이제 질렸어요.
오늘은 밖에서 식사하지
않겠습니까?

그래요. 가끔은
밖에서 식사하는 것도
좋다고 생각되는군요.

 일본어로 말해 보세요!

가끔은 밖에서 식사하는 것도 좋다고 생각되는군요.

1. 영화를 보는 것도   2. 운동하는 것도

3. 마시는 것도

Level up

1_ 「日本に うまれて よかった。こんなに おいしい ものが 食べられるから。」

이 말은 '일본에서 태어나서 다행이야. 이렇게 맛있는 것을 먹을 수 있으니까' 라는 뜻입니다. 모두가 제 나라 음식이 제일이라고 생각하는 것 같습니다.

일본의 なべりょうり는 쇠고기 스프에 두부, 배추, 버섯, 고기 등을 넣고 끓여 먹는 우리 나라의 찌개 같은 음식입니다. 우리와 다른 점은 고춧가루는 전혀 넣지 않고, 두부, 배추, 버섯 등은 건져서 간장을 찍어 먹는다는 것입니다. 우리는 역시 매운게 잘 맞는 듯 한데….

아무래도 음식에 관해서는 한국에서 태어난 것이 다행이라는 생각이 듭니다.

02 레스토랑 앞에서 💿 66

안 헤 루
アンヘル
오 이 시 소 - 나 모 노 가 닥   상 나 란 데
おいしそうな ものが たくさん 並んで
이 마 스 네
います。

와 따 시 와 고 레 또 고 레 니 시 마 스 홍   상 와
私は これと これに します。ホンさんは？

홍
ホン
나 니 니 시 요 - 까 나 고 레 모 오 이 시 소 - 다 시
何に しようかな。これも おいしそうだし、
고 레 모 요 사 소 - 다 시
これも よさそうだし…。

1_ 「〜そうです」는 '〜(해) 보입니다'라는 뜻으로, 실제로 보고 느낀 모양이나 상태 등을 말할 때 사용하는 표현법입니다.

❶ 「い형용사」일 경우 い를 떼어 버리고 そうです를 붙이면 됩니다.
　예 おいしい(맛있다) → おいしそうです(맛있어 보입니다)

❷ 「な형용사」일 경우는 な를 떼어 버리고 そうです를 붙이면 됩니다.
　예 静(しず)かな(조용한) → 静かそうです(조용해 보입니다)

❸ 동사일 경우는 「ます형」에 そうです를 붙이면 됩니다.
　예 降(ふ)る(내리다) → 降りそうです(내릴 것 같습니다)

단, 「い형용사」의 경우 いい와 ない는 예외이니 주의하여 외우십시오. いい는 いそうです가 아니라 **よさそうです**, ない는 なそうです가 아니라 **なさそうです**라고 해야 합니다. 또 하나 주의할 것은 명사인 경우는 이러한 문형을 사용하지 않는다는 것입니다.

2_ 〜しようかな는 '〜할까나'라는 뜻으로 망설임을 나타냅니다.

일본어로 말해 보세요!

이 쪽이(こちらの ほうが) 맛있어 보이는군요.

1. 재미있어 보이는   2. 비싸 보이는

3. 좋아 보이는

1 ～そうです를 각 품사별로 정리해 보겠습니다.

	'～해 보인다, ～인 것 같다' 라는 표현 만들기
い형용사	い를 떼어내고 そうです를 붙인다. おいし<u>い</u> → おいし<u>そうです</u>
な형용사	な를 떼어내고 そうです를 붙인다. 心配<u>な</u> → 心配<u>そうです</u>
동사	「ます형」에 そうです를 붙인다. 降る → <u>降り</u>そうです 泣く → <u>泣き</u>そうです
명사	～のようです를 붙인다. 本 → 本<u>のようです</u>

ホン ：アンヘルさん、なんか、うれしそうな 顔を
して いますね。何か いい ことでも
あるのですか。

アンヘル ：いいえ、別に いい ことは ありません。
ただ 食事を 待つ 時間が 楽しくて、
うきうきして いる だけです。

WORDS

なんか 왠지 　別(べつ)に 그다지, 별로 　ただ 단지
待(ま)つ 기다리다 　うきうきする (마음이) 들뜨다 　～だけ ～뿐

 **Point**

1 ‘～(해) 보이다’는 뜻의 **～そうだ**가 명사를 수식할 때에는 **だ** 대신 **な**를 붙여야 합니다. (☞ 스물둘째날 **02** 참조)

연습 1. 즐거운 듯한 얼굴 　→ うれしそう**な** かお

연습 2. 맛있어 보이는 사과 　→ おいしそう**な** りんご

또한 동사를 수식할 때에는 **だ** 대신 **に**를 붙여야 합니다.

연습 1. 슬픈 듯이 울고 있다 → 悲しそう**に** 泣いて いる

연습 2. 기쁜 듯이 웃고 있다 → うれしそう**に** 笑って いる

2 **～そうです**는 가능표현의 동사에서 많이 사용합니다.

연습 1. 마실 수 있을 것 같습니다 　→ 飲めそうです

연습 2. 사용할 수 있을 것 같습니다 　→ 使えそうです

연습 3. 할 수 있을 것 같습니다 　→ できそうです

안헤르 씨, 왠지 즐거운 듯한 얼굴을 하고 있군요. 무언가 좋은 일이라도 있는 겁니까?

아니오, 별로 좋은 일은 없습니다. 단지 식사를 기다리는 시간이 즐거워 마음이 들떠 있는 것뿐입니다.

일본어로 말해 보세요!

모두(みんな) 즐거운 듯한 얼굴을 하고 있군요.

1. 걱정스런(心配そうな)　　2. 울 것 같은(泣きそうな)

3. 쓸쓸해 보이는(さびしそうな)　　4. 괴로운 듯한(くるしそうな)

1__ 다음 문장을 일본어로 바꿔 보세요.

1. 이것은 맛있어 보이지 않는군요.

2. 저 사람은 돈이 있어 보이는군요.

3. 이 사람은 돈이 없어 보이는군요.

4. 죽을 것 같은 얼굴을 하고 있군요.

04 레스토랑에서 🎧 68

ホン^홍 アンヘルさん、この メニューの カバーは
<small>안 헤루 상　　고노 메뉴 -노 카바 -와</small>
何で 作ったと 思いますか。
<small>난데　츠꿋따또　오모이마스 까</small>

アンヘル^{안 헤 루} ええと、これは ひつじの 皮ですね。
<small>에 - 또　고레와　히쯔지노　카와데스 네</small>

ホン^홍 では、この しょうゆは 何から 作ったか
<small>데와　고노　쇼 -유와　나니까라　츠꿋따 까</small>
わかりますか。
<small>와 까리마스까</small>

アンヘル^{안 헤 루} それは よく わかりませんね。
<small>소 레와　요꾸　와까리마 센 네</small>

WORDS

メニュー 메뉴(판)　カバー 커버, 겉표지　ええと 에, 그러니까
ひつじ(羊) 양　皮(かわ) 가죽　しょうゆ 간장

1 오늘의 학습포인트는 ～から 作る와 ～で 作る입니다.
～<u>で</u> 作る는 만들어진 물건을 보았을 때 그 재료가 무엇인지 알 수 있는 경우에 사용하고, ～から 作る는 만들어진 물건만으로는 원래의 재료가 무엇인지 알 수 없을 때 사용합니다. 예를 들어 지갑이나 메뉴판 등과 같이 가죽으로 만들어진 것인지 아닌지 알 수 있을 경우는 ～で 作る를 씁니다.

예 이 메뉴판은 양가죽으로 만들었습니다.
　→ この メニューは ひつじの 皮<u>で</u> 作りました。

반면, 간장이나 종이, 플라스틱 등과 같이 만들어진 물건을 보았을 때 원래의 재료가 무엇인지 알 수 없을 때는 ～から 作る를 써야 합니다.

예 간장은 콩과 소금으로 만듭니다.
　→ しょうゆは まめと しお<u>から</u> 作ります。

172 •

Let's try

1. 안헤르 씨,
이 메뉴판의 커버는 무엇으로
만들었다고 생각합니까?

3. 그러면 이 간장은 무엇으로
만들었는지 압니까?

2. 에, 그러니까
이것은 양가죽이군요.

4. 그것은 잘
모르겠군요.

 일본어로 말해 보세요!

간장은 콩과 소금으로 만듭니다.

1. 와인(ワイン) / 포도(ぶどう)
2. 플라스틱(プラスチック) / 석유(せきゆ)
3. 두부(とうふ) / 대두(だいず)
4. 치즈(チーズ) / 우유(ぎゅうにゅう)

Level up

1_ ~で 作る

만들어져 있는 물건을 보았을 때 원래 재료가 무엇이었는지 알 수 있을 때는 ~で 作る입니다.

예 이것은 나무로 만든 의자입니다. → これは 木(き)で 作(つく)った いすです。

~から 作る

만들어져 있는 물건을 보았을 때 원래 재료가 무엇이었는지 알 수 없을 때는 ~から 作る입니다.

예 이것은 쌀로 만든 술입니다. → これは おこめから 作(つく)った お酒(さけ)です。

ピアノ 피아노

バイオリン 바이올린

ギター 기타

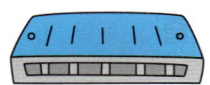

ハーモニカ 하모니카

チェロ 첼로

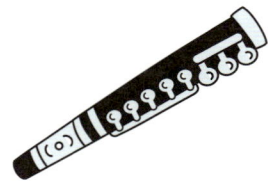

フルート 플루트

オルガン 오르간

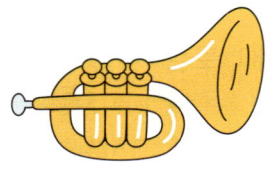

トランペット 트럼펫

<ruby>三味線<rt>しゃみせん</rt></ruby> 샤미센

せんたくき
洗濯機 세탁기

れいぞうこ
冷蔵庫 냉장고

すいはんき
炊飯器 전기밥솥

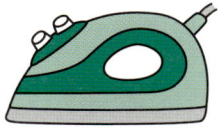

アイロン 다리미

せんぷうき
扇風機 선풍기

でんし
電子レンジ 전자레인지

テレビ 텔레비전

ラジオ 라디오

カメラ 카메라

せんせい
先生 선생님

かいしゃいん
会社員 회사원

けいさつかん
警察官 경찰관

ひしょ
秘書 비서

いしゃ
医者 의사

かんごふ
看護婦 간호사

ぎんこういん
銀行員 은행원

べんごし
弁護士 변호사

しょうぼうし
消防士 소방수

びようし
美容師 미용사

パイロット 파일럿

スチュワーデス 스튜어디스

● 회사의 조직

회장	会長 (かいちょう)
사장	社長 (しゃちょう)
대표이사	代表取締役 (だいひょうとりしまりやく)
이사	取締役 (とりしまりやく)
전무이사	専務取締役 (せんむとりしまりやく)
상무이사	常務取締役 (じょうむとりしまりやく)
부장	部長 (ぶちょう)
과장/부장대리	課長 / 部長代理 (かちょう / ぶちょうだいり)
계장/과장대리	係長 / 課長代理 (かかりちょう / かちょうだいり)
부원/과원	部員 / 課員 (ぶいん / かいん)
평사원	平社員 (ひらしゃいん)

● 관련있는 말

신입사원	新入社員 (しんにゅうしゃいん)
월급쟁이	月給取り (げっきゅうとり)
샐러리맨	サラリーマン
출장	出張 (しゅっちょう)
승진	昇進 (しょうしん)
전근	転勤 (てんきん)
출근	出勤 (しゅっきん)
퇴근	退社 (たいしゃ)
잔업	残業 (ざんぎょう)
보너스	ボーナス
정년퇴직	定年退職 (ていねんたいしょく)

● 알아둡시다 ●

우리말의 「퇴근」을 일본어로는 退社(たいしゃ)라고 해야 한다. 退勤(たいきん)이란 말이 있기는 하지만, 일본인들은 거의 사용하지 않는다.

스물셋재날

01_ 수동태 1
02_ ～すぎる
03_ 수동태 2

01 학교에서 ◎69

ホン
ホン
　本を　貸して　いただいて、
　ありがとう　ございました。

まつおか
　何日ぐらいで　全部　読みましたか。

ホン
　おもしろかったので、二日で　全部　読んで
　しまいました。

まつおか
　この　本は　わかりやすいから、子供たちにも
　よく　読まれて　います。

WORDS

二日(ふつか) 이틀	～て しまいました ～해 버렸습니다
わかりやすい 알기 쉽다	読(よ)まれる 읽혀지다

Point

1_ 「수동태」라는 것은 자신의 의지로 행하는 것이 아니라 행함을 당한다는 의미입니다. 다시 말하면 '읽다' 의 「수동태」는 '읽히다' 이고, '먹다' 의 「수동태」는 '먹히다' 입니다. 그러면 '마시다' 의 「수동태」는 '마셔지다(마셔짐을 당하다)' 가 되겠지요. 그러나 우리말은 '마셔짐을 당하다' 라고는 표현하지 않으므로 생소하고 어렵게 느끼실지도 모르겠지만 결코 어려운 것은 아니니 안심하십시오.
활용법은 「1·2그룹동사」에 관계 없이 끝 발음 [u]를 [areru]로 바꾸면 됩니다.
「3그룹동사」는 예외 동사이므로 する는 される, くる는 こられる로 외우시면 됩니다.

재미있었기 때문에 전부 읽어 버렸습니다.

1. 맛있다 / 먹다   2. 맛없다 / 버리다(すてる)

3. 싸다 / 사다

1 「て형」+ しまいました 는 '~해 버렸습니다' 라는 뜻의 문형입니다.

 1. 마셔 버렸습니다 → 飲んで しまいました

   2. 가 버렸습니다   → 行って しまいました

   3. 해 버렸습니다   → やって しまいました

2 わかりやすい 는 わかる(알다)와 やすい(쉽다)라는 말이 합쳐진 말로 '알기 쉽다' 라는 뜻입니다. 「ます형」에 やすい 를 붙이면 '~하기 쉽다' 라는 말이 됩니다. 그 반대말은 にくい(어렵다)입니다.

   1. 먹기 쉽다 → 食べやすい

   2. 마시기 쉽다 → 飲みやすい

   3. 알기 어렵다 → わかりにくい

   4. 먹기 어렵다 → 食べにくい

 **02 교실에서** 🔊70

アンヘル ^{안 해 루}

^{큐ー지쯔 와   도ー   스 고 시 마 시 따   까}
休日は　どう　過ごしましたか。

ホン ^홍

^{키노ー 와   신 루이 노   고 도모 타 찌 오   쯔 레 떼}
昨日は　親類の　子供たちを　つれて

^{유ー 엔 찌 에   잇 떼   키 마 시 따 가   히또 가}
遊園地へ　行って　来ましたが、人が

^{오ー 스 기 떼   다 이 헨 데 시 따}
多すぎて、たいへんでした。

WORDS

休日(きゅうじつ) 휴일 　　過(す)ごす (시간 등을) 보내다
親類(しんるい) 친척 　　つれる 데리고 가다(오다)
遊園地(ゆうえんち) 유원지 　　多(おお)すぎる 너무 많다
たいへん 큰일

1 すぎる는 '지나치다' 라는 뜻의 동사로, 다른 단어의 뒤에 붙어 '너무 (많이) ~하다' 라는 뜻이 됩니다.
「い형용사」에 すぎる를 붙이려면 い를 떼어 내고 すぎる를 붙이고, 「な형용사」는 な를 붙이지 말고 すぎる를 붙이면 됩니다.
동사는 「ます형」에 붙이면 됩니다.

연습
1. 多い(많다) 　　→ 多すぎる(너무 많다) 　　(い형용사)
2. 悲しい(슬프다) 　→ 悲しすぎる(너무 슬프다) 　(い형용사)
3. 静かな(조용한) 　→ 静かすぎる(너무 조용하다) (な형용사)
4. 丈夫な(튼튼한) 　→ 丈夫すぎる(너무 튼튼하다) (な형용사)
5. 食べる(먹다) 　　→ 食べすぎる(과식하다) 　　(동사)

휴일은 어떻게 보냈습니까?

어제는 친척 아이들을 데리고 유원지에 갔다 왔습니다만, 사람들이 너무 많아서 힘들었습니다.

일본어로 말해 보세요!

사람들이 너무 많아서 힘들었습니다.

1. 술을 너무 많이 마셔서   2. 밥을 너무 많이 먹어서

3. 담배를 너무 많이 피워서

Level up

1 앞에서 나온 수동태의 의미를 다시 한번 확인해 봅시다.

1. 読^よむ → 読まれる

   「태백산맥」을 読みました。「태백산맥」을 읽었습니다.

   → 「태백산맥」は みんなに 読まれました。

   「태백산맥」은 모두에게 읽힘을 당했습니다.

   =「태백산맥」은 모두에게 읽혀졌습니다.

2. 聞^きく → 聞かれる

   みちを 聞きました。길을 물었습니다.

   → (がいこくじんに) みちを 聞かれました。

   (외국사람에게) 길을 물어봄을 당했습니다. =(외국사람이) 길을 물었습니다.

3. 見^みる → 見られる

   げんばを 見ました。현장을 보았습니다.

   → (人に) げんばを 見られました。

   (남에게) 현장을 봄을 당했습니다. =(남에게) 현장을 들켰습니다.

<ruby>ホン<rt>홍</rt></ruby> それに、<ruby>背中を<rt>소 레 니</rt></ruby> <ruby>押されたり、<rt>세 나까오</rt></ruby> <ruby>足を<rt>아시오</rt></ruby>

（<ruby>背中を<rt>세나까오</rt></ruby> <ruby>押されたり<rt>오사레따리</rt></ruby> <ruby>足を<rt>아시오</rt></ruby>）

<ruby>踏まれたり、<rt>후 마 레 따리</rt></ruby> <ruby>子供たちに<rt>고 도 모 타 찌니</rt></ruby> <ruby>泣かれたり、<rt>나 까 레 따리</rt></ruby>

<ruby>本当に<rt>혼 또-니</rt></ruby> <ruby>たいへんでした。<rt>다 이 헨 데 시 따</rt></ruby>

<ruby>アンヘル<rt>안 헤 루</rt></ruby> <ruby>ずいぶん<rt>즈 이 붕</rt></ruby> <ruby>ひどい<rt>히 도 이</rt></ruby> <ruby>目に<rt>메 니</rt></ruby> <ruby>あったようですね。<rt>앗 따 요- 데 스 네</rt></ruby>

WORDS	
それに 게다가	背中(せなか) 등	押(お)す 밀다
足(あし) 발, 다리	踏(ふ)む (발 등을) 밟다	
ずいぶん 꽤, 몹시	ひどい 심하다	目(め) 눈
ひどい 目に あう 혼나다, 큰일을 겪다		

1_ 押す는 '밀다' 라는 뜻의 동사입니다. 수동형 押される는 '밀리다, 밀림을 당하다' 라는 뜻입니다. 踏む(밟다)의 수동형 踏まれる는 '밟히다' 라는 뜻입니다. 泣く(울다)의 수동형 泣かれる는 '우는 일을 당하다' 란 뜻입니다. 이처럼 의미를 볼 때 '내 쪽에서 피해를 당했다', '불편한 일을 당했다' 라는 기분을 나타낼 수 있는 것이 일본어 수동태의 특징 중 하나입니다.

2_ ひどい 目に あう는 직역을 하면 '심한 꼴을 만나다' 이지만, '혼나다, 큰일을 겪다' 라는 뜻입니다.

게다가 등을 떠밀리기도 하고, 발을 밟히기도 하고, 애들은 울어대고 정말로 힘들었습니다.

몹시 큰일을 겪은 듯하군요.

1 「수동태」를 만드는 법은 그다지 어렵지 않습니다. (☞ 스물셋째날 ○**1**, ○**2** 참조)
「1·2그룹동사」에 관계없이 끝 발음 [u]를 [areru]로 바꾸면 되고, 「3그룹동사」는
する는 される로, くる는 こられる로 외우시면 되니까요.
문제는 우리말에 없는 표현이므로 어렵게 느껴진다는 것입니다.
주로 곤혹스러웠거나 싫었다는 표현을 할 때 사용합니다.

연습 1. 나는 아버지에게 불림을 받았습니다. (아버지가 나를 불렀습니다.)

→ 私は 父に 呼ばれました。 (呼ぶ 부르다)

2. 나는 비를 맞았습니다.

→ 私は 雨に 降られました。 (降る 내리다)

3. 나는 어렸을 때 아버지가 돌아가셨습니다.

→ 私は 子供の とき、父に 死なれました。 (死ぬ 죽다)

4. 나는 개에게 물렸습니다.

→ 私は 犬に かまれました。 (かむ 물다)

스물넷째날

 학교에서 💿72

アンヘル	新聞に よると 日本は 受験地獄だ
	そうですね。 韓国も 同じですか。
ホン	ええ、 韓国も 受験地獄、 そのものです。

WORDS

新聞(しんぶん) 신문　 〜に よると 〜에 의하면
受験(じゅけん) 수험, 시험　 地獄(じごく) 지옥　 同(おな)じ 같음
そのもの ユ 자체

1_ 〜に よると는 '〜에 의하면'이라는 뜻입니다.

　연습 1. 선생님 말씀에 의하면　→ 先生の 話に よると
　　　 2. 일기 예보에 의하면　→ 天気よほうに よると
　　　 3. 뉴스에 의하면　　　→ ニュースに よると

2_ 종지형＋そうです는 남에게 들은 말을 전할 때 사용하는 표현입니다.

　연습 1. 있다고 합니다.　　→ ある そうです。
　　　 2. 괴로웠다고 합니다. → 苦しかった そうです。
　　　 3. 조용하다고 합니다. → 静かだ そうです。

이때 종지형에서 〜です・〜ます는 사용하지 않습니다. 왜냐하면 공손한 표현을
반복해서 사용하는 것을 꺼리기 때문입니다.

　예 맛있답니다 → おいしいです そうです （×）

신문에 의하면 일본은 입시지옥이라고 하는군요. 한국도 같습니까?

네, 한국도 입시지옥 그 자체입니다.

일본어로 말해 보세요!

한국도 같습니까?

1. 일본　　　2. 스페인　　　3. 중국

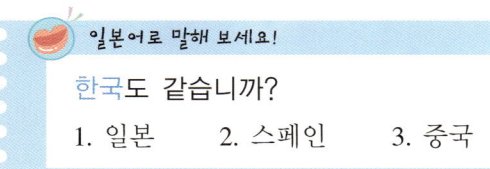

1 종지형+**そうです**는 '～라고 합니다' 라는 뜻입니다. 남이 한 말을 전하는 표현법이지요. 다음 문장을 일본어로 바꿔 보세요.

1. 죽었다고 합니다　　　→
2. 울었다고 합니다　　　→
3. 좋아했다고 합니다　　→
4. 맛있다고 합니다　　　→
5. 지쳤다고 합니다　　　→
6. 가지 않았다고 합니다　→

ホン
^홍

韓国の 親は 教育熱心で、幼い 子も 塾に
^{캉 꼬꾸 노 오야 와 쿄-이꾸 넷 신 데 오사나이 꼬 모 쥬꾸 니}

行かせます。そう させないと 気が
^{이 까 세 마 스 소- 사 세 나 이 또 키 가}

すまないそうです。
^{스 마 나 이 소 - 데 스}

WORDS

教育(きょういく) 교육   熱心(ねっしん) 열심, 열성
幼(おさな)い 어리다, 어린   塾(じゅく) 학원
〜に 行(い)かせる 〜에 보내다   させる 〜하게 하다   気(き) 마음
気が すまない 마음이 놓이지 않다

1 오늘은 남에게 '〜을 하게 하다'라는 표현을 배우겠습니다. 문법용어로는 **사
역형**이라고 합니다. 이 표현을 만들려면 1그룹동사는 「ない형」으로 바꾼 다음 せる
를 붙입니다.

예 書く(쓰다) → 書か → 書かせる(쓰게 하다)

2그룹동사는 「ない형」, 즉 る를 떼어 버리고 させる를 붙입니다.

예 食べる(먹다) → 食べ → 食べさせる(먹게 하다)

3그룹동사는 くる는 こさせる, する는 させる가 됩니다. 규칙적이지 않은 동사이
므로 무조건 외우셔야 합니다.

2 そうさせない<u>と</u>의 <u>と</u>는 '〜(하)면'이라는 뜻으로 조건을 나타냅니다. 주로 종지
형에 붙여 쓰고, 과거형에는 붙여 쓰지 않습니다.

예 일본에 가면 → 日本へ <u>行くと</u> (○)

→ 日本へ <u>行ったと</u> (×)

→ 日本へ <u>行きましたと</u> (×)

과거 가정형을 만들고자 한다면 「た형」+ら를 쓰면 됩니다.

예 일본에 가면 → 日本へ <u>行ったら</u> (○)

한국의 부모는 교육 열성으로 어린 아이도 학원에 보냅니다. 그렇게 하지 않으면 마음이 놓이지 않는다고 합니다.

일본어로 말해 보세요!

어린 아이를 피아노 학원에 가게 합니다.(보냅니다)

1. 영(어)회화(えいかいわ)　　　2. 서예(しょどう)

3. 컴퓨터(パソコン)

1_ '~하게 하다'라는 표현은 「ない형」에 붙여 씁니다. 1그룹동사는 ～せる, 2그룹동사는 ～させる, 3그룹동사는 예외입니다.

동사	원형	ない형	~하게 하다
1그룹동사	買う	買わない	買わせる
2그룹동사	寝る	寝ない	寝させる
3그룹동사	する 来る	しない 来ない	させる 来させる

<ruby>アンヘル<rt>안 헤루</rt></ruby>　<ruby>韓国<rt>캉 꼬꾸</rt></ruby>の　<ruby>子供<rt>고 도모</rt></ruby>たちも　かわいそうですね。

<ruby>子供<rt>고 도모</rt></ruby>は　<ruby>自由<rt>지 유-</rt></ruby>に　<ruby>遊<rt>아소</rt></ruby>ばせた　ほうが

いいのに…。　そう　<ruby>思<rt>오모</rt></ruby>いませんか。

かわいそうだ 불쌍하다　　自由(じゆう)に 자유롭게
遊(あそ)ばせる 놀게 하다　　~のに ~인데

Point

1_ ~のでは '~이므로, ~때문에'라는 뜻이라고 배웠었지요?(☞ 스물넷째날 ❶ 참조) 대부분 종지형에 붙여 쓰지만, 명사와 「な형용사」는 な를 붙인 다음에 붙입니다. ~ので 자리에 **~のに**를 붙이면 '~인데(도), ~텐데, ~련만'이라는 뜻이 됩니다.

> 연습 1. 좋으므로(いいので)　　　　　　→ 좋으련만(いいのに)
>
> 　　 2. 돈도 없으므로(お金も ないので) → 돈도 없는데(お金も ないのに)
>
> 　　 3. 싫어하므로(きらいなので)　　　 → 싫은데(きらいなのに)

2_ かわいそう는 '불쌍한'이란 뜻의 「な형용사」입니다. 「な형용사」가 명사를 수식할 때는 「な」를 붙여야 합니다.

> 연습 1. かわいそう<u>な</u>　子供たち(불쌍한 아이들)
>
> 　　 2. かわいそう<u>な</u>　人(불쌍한 사람)

3_ <ruby>遊<rt>あそ</rt></ruby>ばせる의 원형을 아시겠습니까? '놀다'라는 뜻의 遊ぶ입니다.

한국의 어린이들도 불쌍하군요. 어린이는 자유롭게 놀게 하는 편이 좋으련만…. 그렇게 생각하지 않습니까?

 일본어로 말해 보세요!

한국의 어린이들도 불쌍하군요.
1. 베트남(ベトナム) 사람들   2. 이라크(イラク) 여자들
3. 어른들

1 日本의 受験地獄도 우리 못지않게 대단합니다. 그러나 우리처럼 全国民的인 것은 아닙니다. 왜냐 하면 大学入試때문에 公務員의 出勤時間이 変更되는 일은 없으니까요. 受験地獄에 시달리는 것은 名門大学에 들어가려는 일부 학생들로서, 名門大学에 入学하려면 처음부터 名門幼稚園에 들어가야 합니다. 그래서 名門幼稚園에 들어가는 것이 하늘의 별따기만큼이나 어렵습니다. 幼稚園에 들어가기 위해 浪人하는 아이가 있다면 믿으시겠습니까? 5살 된 어린이는 자신이 재수생인지도 모르고 오려 붙이기 시험에 대비해 가위질 연습을 합니다. 물론 이런 일은 극성 학부모뿐이고 대부분의 부모들은 공부는 못해도 좋으니 남에게 폐를 끼치지 말라고 가르칩니다.

全国民的(ぜんこくみんてき)	전국민적	入試(にゅうし)	입시
公務員(こうむいん)	공무원	出勤(しゅっきん)	출근
変更(へんこう)	변경	名門(めいもん)	명문
幼稚園(ようちえん)	유치원	浪人(ろうにん)	재수, 재수생

스물넷째날 ● **189**

C·O·L·U·M·N

스시(すし : 초밥)

「すし」는 밥에 식초를 넣은 것을 주재료로 하는 일본요리입니다. 「すし」는 옛날 일본에서 생선을 저장하는 방법에서부터 출발했다고 전해지고 있습니다. 일본에는 회전초밥(回転寿司(かいてんずし): すし가 단어와 연결되면 ずし로 바뀜)가게가 많은데요, 다양한 종류의 「すし」를 골라먹을 수 있고, 100엔 균일가로 하는 초밥집도 있어서 일본인들이 자주 가는 곳 중 하나입니다.

① 스시의 종류

● 니기리즈시(にぎりずし)

스시의 대표적인 것으로서 밥을 손에 쥐어 사각형 모양으로 만든 뒤, 그 위에 고추냉이(와사비)를 조금 넣고 다시 그 위에 생선을 올려서 먹는 것입니다.

● 마끼즈시(まきずし)

우리 나라의 김밥과 같이 생겼는데요. 가정에서도 쉽게 말아먹을 수 있는, 스시 중에서 가장 친숙한 스시입니다.

● 오시즈시(おしずし)

일명 '하코즈시(箱寿司)'라고도 불리는데요, 나무로 만든 상자모양에 스시 밥을 넣은 것으로 간사이(関西) 지방의 명물로 유명합니다.

● 이나리즈시(いなりずし)

우리나라의 유부초밥과 같은데요, 졸인 유부 안에 스시 밥을 넣은 것입니다.

● 후꾸사즈시(ふくさずし)

조리해서 얇게 부친 계란을 스시밥과 함께 각종 스시 재료를 넣은 것입니다.

② 스시 용어

● 아가리(あがり)

원래의 뜻은 '마지막, 마무리' 라는 뜻으로, 초밥집에서 마시는 녹차를 말합니다.

● 무라사끼(むらさき)

간장을 일컫는 말입니다. 일본어로 보라색이라는 뜻이 지만, 일본의 간장이 보랏빛을 띤다고 해서 붙여진 이 름입니다.

● 가리(ガリ)

「がりがり」라고 하는 씹을 때 나는 '아삭아삭' 이란 단 어에서 온 말로, 생강을 가리킵니다.

● 샤리(シャリ)

스시에 사용되는 식초로 맛을 낸 밥입니다.

● 갑빠(カッパ)

스시에 사용되는 오이를 말하는데요, 「カッパ」라고 하 는 일본의 상상 속 동물이 좋아하는 것이 '오이' 라는 데 서 나왔다고 합니다.

● 나미다(なみだ)

스시에 넣는 고추냉이(와사비)를 말합니다. 「なみだ」는 일본어로 '눈물' 이라는 뜻인 데, 매운 고추냉이(와사비)를 먹으면 눈물이 나기 때문에 붙여진 말입니다.

 **01 학교에서** ◎75

ホン_홍 ええ、私も そう 思います。
<small>에 - 와따시모 소 - 오모이마스</small>

子供は 子供らしく、自分の 好きなように
<small>고도모 와   고도모라시꾸   지분노   스키나요 - 니</small>

させた ほうが いいと 思って います。
<small>사세따 호 - 가 이 - 또 오못 떼 이마스</small>

> **WORDS** 子供(こども)らしく 어린이답게   自分(じぶん) 자기, 자신
> 好(す)きなように 좋아하는 대로

1_ 子供らしくは 子供＋らしい가 부사로 바뀐 말입니다. **～らしい**를 명사에 붙이면 '～답다'라는 뜻이 됩니다.

예 アンヘルさんは 男らしい。(안헤르 씨는 남자답다.)
男らしい 人。(남자다운 사람.)

위의 문장에서는 子供らしく와 させた ほうが いい가 연결됩니다. 즉, させる라는 동사를 수식하기 위해 らしい가 らしく로 바뀐 것입니다.

2_ **～らしい**라는 말에는 '～인 듯하다'라는 뜻도 있습니다. 어떤 객관적인 근거를 가지고 단정지을 때 사용하는 표현입니다.

연습 1. 형제인 듯합니다.   → 兄弟らしいです。   (명사)
2. 맛있는 듯합니다.   → おいしいらしいです。 (い형용사)
3. 좋아하는 듯합니다. → 好きらしいです。   (な형용사)
4. 오는 것 같습니다.   → 来るらしいです。   (동사)

네,
저도 그렇게 생각합니다.
어린이는 어린이답게 자기가
좋아하는 대로 하게 하는 편이
좋다고 생각합니다.

일본어로 말해 보세요!

어린이는 어린이다운 것이 좋다고 생각합니다.
1. 어른(大人)　　　2. 여성(女性)　　　3. 남성(男性)

1　우리 나라 사람들은 친한 사이인 경우에는, 상대방의 물건을 허락 없이 사용해도 이
해하지만 일본 사람들은 상당히 친한 사이라든가 공동으로 사용하는 물건이라도 こ
れ、使っても いい？라고 물어본 후에, 허락을 받고 사용합니다.
　또 동료들과 도시락을 먹을 때에도 우리는 아무말 하지 않고 상대방의 반찬을 가져
다 먹어도 이상하게 생각하지 않지만, 일본 사람은 너무나도 이해할 수 없는 행동이
라고 생각한답니다. 일본 사람들은 これ、食べて みる？라고 상대방이 권하거나
これ、食べても いい？라고 물어 허락을 받은 후에나 가능한 일이니까요. 하다 못
해 친구집에 놀러 가서 화장실을 사용하고 싶을 때에도 ちょっと トイレ かして。
라고 사전에 양해를 구합니다. 남의 집에서 전화를 걸 때나 TV를 켤 때, 책을 꺼내
볼 때 등, 아무튼 자기 것이 아닌 물건에 손을 댈 때에는 ～しても いいですか？하
고 허락을 받아야 합니다. 친한 사이일수록 최소한의 예의가 필요하다는 것이 일본
사람들의 일반적인 생각입니다.

ホン　アンヘルさん、いっしょに 松岡先生の
お宅に うかがいませんか。

アンヘル　はい、行きましょう。先生が 来月、韓国に
行かれると 聞きましたが、本当の
話ですか。

ホン　はい、そうらしいです。ソウルで 日本語を
教える ためだそうですが、残念ですね。

WORDS

お宅(たく) 댁　　うかがう 찾아뵙다, 여쭙다　　行(い)かれる 가시다
本当(ほんとう)の 話(はなし) 참말　　そうらしい 그런 것 같다
残念(ざんねん) 유감, 아쉬움

1_ 우리말과 같이 일본어에도 경어법이 있어서 외국인들의 애를 먹입니다. 그러나 너무 어렵게 생각하지 마시고, 하나하나 익혀 가십시오. 경어의 기본은 두 가지입니다.

자신을 낮춰서 상대방을 높이는 말(→ '겸양어'라고 합니다.)
본문에 나온 うかがう라는 말은 '찾아뵙다' 또는 '여쭙다' 라는 뜻으로, '방문하다, 묻다' 라는 말의 겸양어입니다. 손윗사람에게 자기를 낮추어 말할 때 사용하는 말입니다.

상대방을 높이는 말(→ '존경어'라고 합니다.)
우리말에는 '계시다'와 같이 그 자체가 존경어인 것과, '하시다'와 같이 보통말에 존경을 나타내는 '시'를 붙여 높임말이 되는 것이 있습니다. 일본어도 마찬가지입니다. いらっしゃる(계시다, 가시다, 오시다)와 같이 그 자체가 존경어인 경우와, 수동형이 존경어로 쓰이는 경우가 있습니다. 이때는 수동의 뜻은 없어집니다. 본문에 나온 行かれる는 行く(가다)의 수동형인데, 여기서는 '가시다' 라는 존경어로 쓰인 것입니다.

1. 안헤르 씨, 함께 마쯔오까 선생님 댁을 찾아뵙지 않겠습니까?

3. 네, 그런 것 같습니다. 서울에서 일본어를 가르치기 위해서라는데, 아쉽네요.

2. 네, 갑시다. 선생님께서 다음 달에 한국에 가신다고 들었는데, 정말입니까?

 일본어로 말해 보세요!

마쯔오까 선생님은 일본어를 가르치기 위해 한국에 가신답니다.
1. 한국의 역사를 알기 위해(韓国の 歴史_{れき し}を 知る)
2. 한국의 문화를 알기 위해(韓国の 文化_{ぶん か}を 知る)
3. 한국어를 공부하기 위해(韓国語の 勉強_{べんきょう})

1 다음 존경어와 보통말을 암기하시기 바랍니다.

존경어	보통말
いらっしゃる(가시다, 오시다, 계시다)	行く(가다), 来る(오다), いる(있다)
おっしゃる(말씀하시다)	いう(말하다)
なさる(하시다)	する(하다)
めしあがる(드시다)	食べる(먹다), 飲む(마시다)

＊ いらっしゃる, おっしゃる, なさる 등은 「1그룹동사」입니다. 그러나 「ます형」은 ～ります가 아니고 ～います가 됩니다. 즉, いらっしゃいます(가십니다, 오십니다, 계십니다), おっしゃいます(말씀하십니다), なさいます(하십니다)로 바뀌는 것이지요.

스 물 여섯째날

01_ お+ます형+ください。
02_ お上手になる。
03_ 〜た ばかり

 **선생님 댁에서** 🔊77

まつおか あら、ホンさん、アンヘルさん、よく
いらっしゃいました。どうぞ、お入りください。

アンヘル おじゃまいたします。

WORDS
あら 어머! 入(はい)る 들어오다(들어가다) じゃま 방해
いたす '〜하다'의 겸양어

1_ 존경표현에는 「お」+「ます형」+ください라는 문형이 있습니다. 또 「ます
형」자리에 한자어가 들어가는 경우도 많은데, 이 때는 보통 앞에 ご가 옵니다.

연습 1. 들어가십시오 → お入りください
2. 사용해 주십시오 → お使いください
3. 주의해 주십시오 → ご注意ください
4. 안심해 주십시오 → ご安心ください

2_ おじゃまいたします는 직역하면 '방해하겠습니다'라는 말이지만, 남의 집
을 방문했을 때 '실례합니다, 들어가겠습니다'라는 뜻으로 쓰이는 말입니다.
おじゃまいたします에서 お는 높임을 나타내는 말이고, いたします는 します의
겸양어로 '〜하겠습니다'라는 뜻입니다. 다음의 겸양어도 알아둡시다.

예 食べる(먹다)・飲む(마시다) → いただく
行く(가다) → まいる いる(있다) → おる
言う(말하다) → もうす 来る(오다) → まいる
する(하다) → いたす きく(묻다) → うかがう

196 ●

실례하겠습니다.

어머!
홍 양, 안헤르 씨,
잘 오셨습니다.
자, 들어가세요.

일본어로 말해 보세요!

들어가세요. (お～ください)

1. 타세요   2. 읽으세요   3. 쉬세요

1_ 혈액형 이야기 (1)

O型(Oがた)와 친해지려면 … 사귄 지 얼마 안 된 相手에게는 必要以上으로 警戒하는 형이지만 상대의 마음을 알게 되면 스스로가 접근해 옵니다. 또한 信頼를 얻기 위해서는 한바탕 けんか를 한다든가 같이 취해 본다든가 해서 모든 것을 다 내보이는 것이 좋습니다.

A型(Aがた)와 친해지려면 … 좀처럼 마음의 문을 열지 않는 A型의 마음을 열게 하려면 相手의 입장을 헤아려 주는 배려와 자상함이 필요합니다. 相手의 悩み 등을 들어 주는 것도 좋습니다. 한번 마음을 연 상대에게는 절대적인 신뢰를 갖게 됩니다.

型(がた)	형, 타입	相手(あいて)	상대
必要(ひつよう)	필요	以上(いじょう)	이상
警戒(けいかい)	경계	信頼(しんらい)	신뢰
けんか	싸움	悩み(なやみ)	고민

02 선생님 댁에서 🔊 78

まつおか　どうぞ　おかけください。ホンさんも　気楽に
どうぞ。ふたりとも　日本語が　お上手に
なりましたね。

ホン　ありがとうございます。みんな　先生の　おか
げです。でも、まもなく　先生と　別れると　思
うと　さびしく　なりますね。

WORDS	
かける 걸치다, 앉다	気楽(きらく)に 마음 편히
ふたりとも 둘 다　みんな 모든 것, 모두	おかげ 덕분
まもなく 머지않아　別(わか)れる 헤어지다	さびしい 쓸쓸하다

1_ **おかけください**는 '앉으세요'라는 뜻으로 「お＋かけ(かける의 ます형)＋
くださ」로 이루어진 문형입니다.

2_ 본문의 **お上手に　なる** 표현은 上手に　なる(능숙해지다) 앞에 존경의 기분을
나타내는 お를 붙여서 '능숙해지시다'라는 뜻으로 쓴 것입니다.

3_ 또한 「お(ご)＋「ます형＋に　なる」도 존경표현이 됩니다.
   연습　1. 入る　→　お入りに　なる(들어오시다)
   　　　2. 会う　→　お会いに　なる(만나시다)

「お」와 「ご」는 존경을 나타내는 접두어로, 한자어에는 주로 「ご」를, 일본화된 단어
앞에는 「お」를 붙입니다.

고맙습니다.
모두 선생님 덕분입니다.
하지만, 머지않아 선생님과
헤어진다고 생각하니
쓸쓸해지는군요.

자, 앉으세요.
홍 양도 마음 편히 앉으세요.
둘 다 일본어를 잘 하게
되셨군요.

일본어로 말해 보세요!

일본어를 잘 하게 되셨군요.
1. 춤(おどり)　　2. 노래(うた)　　3. 영(어) 회화(えいかいわ)

1 혈액형 이야기 (2)

B型(Bがた)와 친해지려면 … 言葉づかい나 態度가 다소 거슬리더라도 B型의 입장에서는 나쁜 뜻이 있어서 그러는 것은 아닙니다. 그러한 本心을 알아주는 사람에게는 마음을 엽니다. 첫인상으로 상대를 단정짓지 말고 싹싹하게 접근하면 친해질 수 있습니다.

AB型(ABがた)와 친해지려면 … 늘 사람들과 일정한 距離를 두고 싶어하므로 끈질기게 달라붙으면 逆効果입니다. 상대의 일에는 간섭하지 말고 제3자를 共通話題로 하거나 사소한 부탁 등을 하면서 서서히 자기 페이스로 이끌어 가는 것이 친해질 수 있는 こつ입니다.

言葉(ことば)づかい	언행	態度(たいど)	태도
本心(ほんしん)	본심	距離(きょり)	거리
逆効果(ぎゃくこうか)	역효과	共通(きょうつう)	공통
話題(わだい)	화제	こつ	요령

03 선생님 댁에서 🔘 79

마쯔오까
まつおか
니 혼 노　다 베모노니와　모 -　나 레마시따 까
日本の　食べ物には　もう　なれましたか。

안 헤루
アンヘル
하 이　모 -　슷 까리　나 레마시따
はい、もう　すっかり　なれました。

마쯔오까
まつおか
니 혼료 - 리노　나까데　이찌방　스끼나　모 노와
日本料理の　中で　一番　好きな　ものは
난 데스 까
なんですか。

안 헤루
アンヘル
소 - 데스 네　와따시와　히 라 메 노　사 시 미 가
そうですね。私は　ひらめの　さしみが
이찌방　스 키데스 네　니 홍에　키 따 바까리노
一番　好きですね。日本へ　来たばかりの
또끼와　나 마 모 노 와　젠　젠　다 베 라 레 마 센
時は、なまものは　ぜんぜん　食べられません
데 시 따 케 도
でしたけど。

WORDS

食べ物(たべもの) 먹을 것, 음식　　なれる 익숙해지다
すっかり 몽땅, 완전히　ひらめ 광어　　さしみ 생선회
なまもの 날것　　ぜんぜん 전혀

1 「た형」+ばかり는 '~한 지 얼마 안 되어'라는 뜻의 문형입니다.

例 온 지 얼마 안 되었을 때 → 来たばかりの　とき

참고로 「て형」+ばかり　います는 '~하고만 있습니다'라는 뜻의 문형입니다.

例 놀기만 하고 있습니다 → 遊んでばかり　います

2 「종지형」에 けど 또는 けれども를 붙이면 '~이지만'이라는 뜻이 됩니다.

例 말할 수 없지만 → 話せないけど
말했습니다만 → 話しましたけれども

1. 일본 음식에는 이제 익숙해졌습니까?

3. 일본요리 중에서 가장 좋아하는 것은 무엇입니까?

2. 네, 이제 완전히 익숙해졌습니다.

4. 글쎄요…. 저는 광어회를 제일 좋아합니다. 일본에 온 지 얼마 안 되었을 때는 날것은 전혀 먹을 수 없었습니다만….

 일본어로 말해 보세요!

당신 친구 중에서 제일 **키가 큰 사람**은 **누구**입니까?

1. 한국인 / 돈이 많은 사람 / 누구   2. 당신 회사 / 일이 많은 사람 / 누구
3. 한국 / 비싼 레스토랑 / 어디   4. 이것들 / 갖고 싶은 것 / 무엇

일본에 온 지 얼마 안 되었을 때는 **날것**은 전혀 **먹을** 수 없었습니다.

1. 일본어 / 말하다   2. 라면 / 먹다

1 일본인들이 자주 이용하는 술집을 いざかや라고 합니다. 값도 싸고 분위기도 좋은 편으로 우리 나라의 소주방 같은 곳입니다. 술집에 가면 우선 함께 마실 술의 종류를 정하고 안주는 각자 시킵니다. 자기가 시킨 안주를 남에게 권하는 모습이라든가, 술값을 낼 때 누군가가 나서서 공평하게 낼 수 있도록 계산해 주는 모습은 우리에게는 신기한 풍경입니다. 또, 술잔은 조금만 비워져도 다시 따라주므로 조심하지 않으면 쉽게 취하게 됩니다.

110

けいさつ
警察 경찰

119

か じ　きゅうきゅうしゃ
火事・救急車

화재・구급차

177

てん き よ ほう
天気予報 일기예보

117

じ ほう
時報 시간안내

104

ばんごうあんない
番号案内 전화번호안내

115

でんぽう
電報 전보

0051

こくさいでん わ
国際電話 국제전화

こうしゅうでん わ
▶ **公衆電話** 공중전화

でん わ
▶ **電話ボックス** 전화 박스

▶ **プッシュホン** 버튼식 전화기

でん わちょう
▶ **電話帳** 전화번호부

▶ **コレクトコール** 콜렉트콜

でん わ りょうきん
▶ **電話料金** 전화요금

や かんわりびき
▶ **夜間割引** 야간할인

	자루 · 병	잔 · 스푼	마리	권
1	いっぽん 一本	いっぱい 一杯	いっぴき 一匹	いっさつ 一冊
2	にほん 二本	にはい 二杯	にひき 二匹	にさつ 二冊
3	さんぼん 三本	さんばい 三杯	さんびき 三匹	さんさつ 三冊
4	よんほん 四本	よんはい 四杯	よんひき 四匹	よんさつ 四冊
5	ごほん 五本	ごはい 五杯	ごひき 五匹	ごさつ 五冊
6	ろっぽん 六本	ろっぱい 六杯	ろっぴき 六匹	ろくさつ 六冊
7	ななほん 七本	ななはい 七杯	ななひき 七匹	ななさつ 七冊
8	はっぽん 八本	はっぱい 八杯	はっぴき 八匹	はっさつ 八冊
9	きゅうほん 九本	きゅうはい 九杯	きゅうひき 九匹	きゅうさつ 九冊
10	じゅっぽん 十本	じゅっぱい 十杯	じゅっぴき 十匹	じゅっさつ 十冊
なん	なんぼん 何本	なんばい 何杯	なんびき 何匹	なんさつ 何冊

	매 · 장	회	개	사람
1	いちまい 一枚	いっかい 一回	ひとつ 一つ	ひとり 一人
2	にまい 二枚	にかい 二回	ふたつ 二つ	ふたり 二人
3	さんまい 三枚	さんかい 三回	みっつ 三つ	さんにん 三人
4	よんまい 四枚	よんかい 四回	よっつ 四つ	よにん 四人
5	ごまい 五枚	ごかい 五回	いつつ 五つ	ごにん 五人
6	ろくまい 六枚	ろっかい 六回	むっつ 六つ	ろくにん 六人
7	ななまい 七枚	ななかい 七回	ななつ 七つ	しちにん・ななにん 七人
8	はちまい 八枚	はっかい 八回	やっつ 八つ	はちにん 八人
9	きゅうまい 九枚	きゅうかい 九回	ここのつ 九つ	きゅうにん 九人
10	じゅうまい 十枚	じゅっかい 十回	とお／じゅっこ 十／十個	じゅうにん 十人
なん	なんまい 何枚	なんかい 何回	いくつ 幾つ	なんにん 何人

	층	분	시	시간
1	いっかい 一階	いっぷん 一分	いちじ 一時	いちじかん 一時間
2	にかい 二階	にふん 二分	にじ 二時	にじかん 二時間
3	さんがい 三階	さんぷん 三分	さんじ 三時	さんじかん 三時間
4	よんかい 四階	よんぷん 四分	よじ 四時	よじかん 四時間
5	ごかい 五階	ごふん 五分	ごじ 五時	ごじかん 五時間
6	ろっかい 六階	ろっぷん 六分	ろくじ 六時	ろくじかん 六時間
7	ななかい 七階	ななふん 七分	しちじ 七時	しちじかん 七時間
8	はっかい 八階	はっぷん 八分	はちじ 八時	はちじかん 八時間
9	きゅうかい 九階	きゅうふん 九分	くじ 九時	きゅうじかん 九時間
10	じゅっかい 十階	じゅっぷん 十分	じゅうじ 十時	じゅうじかん 十時間
11	じゅういっかい 十一階	じゅういっぷん 十一分	じゅういちじ 十一時	じゅういちじかん 十一時間
12	じゅうにかい 十二階	じゅうにふん 十二分	じゅうにじ 十二時	じゅうにじかん 十二時間
なん	なんがい 何階	なんぷん 何分	なんじ 何時	なんじかん 何時間

	월	개월	년
1	いちがつ 一月	いっかげつ 一か月	いちねん 一年
2	にがつ 二月	にかげつ 二か月	にねん 二年
3	さんがつ 三月	さんかげつ 三か月	さんねん 三年
4	しがつ 四月	よんかげつ 四か月	よねん 四年
5	ごがつ 五月	ごかげつ 五か月	ごねん 五年
6	ろくがつ 六月	ろっかげつ 六か月	ろくねん 六年
7	しちがつ 七月	ななかげつ 七か月	しちねん・ななねん 七年
8	はちがつ 八月	はっかげつ 八か月	はちねん 八年
9	くがつ 九月	きゅうかげつ 九か月	くねん 九年
10	じゅうがつ 十月	じゅっかげつ 十か月	じゅうねん 十年
11	じゅういちがつ 十一月	じゅういっかげつ 十一か月	じゅういちねん 十一年
12	じゅうにがつ 十二月	じゅうにかげつ 十二か月	じゅうにねん 十二年
なん	なんがつ 何月	なんかげつ 何か月	なんねん 何年

	5月 1 일~10 일	5月 11 일~20 일	5月 21 일~31 일
1	ついたち 一日	じゅういちにち 十一日	にじゅういちにち 二十一日
2	ふつか 二日	じゅうににち 十二日	にじゅうににち 二十二日
3	みっか 三日	じゅうさんにち 十三日	にじゅうさんにち 二十三日
4	よっか 四日	じゅうよっか 十四日	にじゅうよっか 二十四日
5	いつか 五日	じゅうごにち 十五日	にじゅうごにち 二十五日
6	むいか 六日	じゅうろくにち 十六日	にじゅうろくにち 二十六日
7	なのか 七日	じゅうしちにち 十七日	にじゅうしちにち 二十七日
8	ようか 八日	じゅうはちにち 十八日	にじゅうはちにち 二十八日
9	ここのか 九日	じゅうくにち 十九日	にじゅうくにち 二十九日
10	とおか 十日	はつか 二十日	さんじゅうにち 三十日
			さんじゅういちにち 三十一日

스물일곱째날

 **01 선생님 댁에서** 💿80

まつおか ホンさんは 将来 日本語の 先生に
なりたいと いいましたね。

ホン ええ、でも 世界的に 有名な ピアニストにも
なりたいです。

WORDS

将来(しょうらい) 장래	世界的(せかいてき) 세계적
有名(ゆうめい)な 유명한	ピアニスト 피아니스트

 **Point**

1_ ～と いいましたね는 '～라고 말했지요?'라고 직접 들은 이야기를 다시 한번 확인할 때 사용하는 표현입니다.

연습 1. 간다고 했지요?　　 → 行くと いいましたね。

　　 2. 울고 싶다고 했지요? → 泣きたいと いいましたね。

2_ ～にも なりたい는 '～도 되고 싶다'는 뜻입니다. なる라는 동사는 앞에 조사 に를 취하기 때문에, '～도 되고 싶다'라는 표현에서 '～도'는 にも라고 써야 합니다.

연습 1. 선생님도 되고 싶습니다. → 先生にも なりたいです。 (○)

　　　　　　　　　　　　　　 先生も なりたいです。 (×)

　　 2. 화가도 되고 싶습니다. → 画家にも なりたいです。 (○)

　　　　　　　　　　　　　　 画家も なりたいです。 (×)

홍 양은 장래
일본어 선생님이
되고 싶다고
말했었지요?

네, 하지만
세계적으로 유명한
피아니스트도 되고
싶습니다.

일본어로 말해 보세요!

세계적으로 유명한 피아니스트가 되고 싶습니다.
1. 영화 배우(映画はいゆう)   2. 세일즈맨(セールスマン)
3. 과학자(かがくしゃ)

Level up

1 우리 나라 어린이들에게 将来 大きく なったら(장래 어른이 되면) 何に なりたい
   ですか. (무엇이 되고 싶습니까?)라고 물어 보면, 옛날에는 대부분이 부모님의 희
   망 사항인 大統領(だいとうりょう) 또는 医者(いしゃ), 看護婦(かんごふ), 先生
   등이 되고 싶다고 대답했습니다.
   日本の 子供たちに 何に なりたい？(뭐가 되고 싶으니?) 라고 물으면 花屋(は
   なや)さん(꽃가게 주인), パン屋さん(빵집 주인) 또는 およめさん(색시)이 되고 싶
   다고 대답합니다.
   우리 나라 어린이들도 요즈음은 아이스크림가게 주인(アイスクリーム屋さん), 꽃
   가게 주인, 과학자(かがくしゃ), 가수(かしゅ), 탤런트(タレント) 등 어린이의 꿈
   이 담긴 다양한 직업들을 희망하고 있는 것 같습니다.

   あなたは 子供の時 大きく なったら 何に なりたかったですか.
   どころが、今は 何に なって いますか.

^{마쯔오까}
まつおか 先生か ピアニストか、はやく 決めないと

受験に 間に合わないと 思いますね。

ピアノの 練習は 今も やって いますか。

^홍
ホン はい、ピアノの 練習は 子供の 時から

今まで 一日も かかさずに やって います。

WORDS

~か ~か ~인지 ~인지   受験(じゅけん) 수험, 입시
間(ま)に合(あ)う 때에 맞추다   練習(れんしゅう) 연습
一日(いちにち)も 하루도   かかす 빠뜨리다   ~ずに ~하지 않고

1_ 間(ま)に合(あ)う는 '시간에 맞게 대다' 라는 뜻입니다. 예를 들어 음악회 등의 공연 시간에 아슬아슬하게 도착했을 때 「間に合いましたね。よかったですね。」라고 하는데, '시간에 딱 맞게 왔군요, 다행이군요' 라는 뜻입니다. 본문의 受験に 間に合わないと 思います는 '입시에 시간적으로 충분하지 않다고 생각합니다' 라는 뜻입니다.

2_ かかさずに에서 ~ずに는 ~ないで와 같은 뜻으로 「ない형」에 붙여 씁니다.

연습 1. 行かずに(가지 않고) = 行かないで
    2. せずに(하지 않고) = しないで

3_ 先生か ピアニストか의 ~か는 '~인지 ~인지' 라는 뜻으로, 둘 중에서 어느 쪽이든 가려야 함을 나타냅니다.

예 好きか きらいか 言って ください。(좋아하는지 싫어하는지 말해 주세요.)
  来られるか どうか わかりません。(올 수 있을지 없을지 모르겠습니다.)

선생님인가 피아니스트인가 빨리 정하지 않으면 입시에 시간적 여유가 없다고 생각합니다. 피아노 연습은 지금도 하고 있습니까?

네, 피아노 연습은 어렸을 때부터 지금까지 하루도 거르지 않고 하고 있습니다.

 일본어로 말해 보세요!

빨리 정하지 않으면 입시에 시간을 맞추지 못할 거라 생각합니다.
1. 음악회   2. 입학식(にゅうがくしき)   3. 결혼식(けっこんしき)

1 日本人의 하루 인사
→ おはようございます(아침에 일어났을 때, 또는 아침 인사)
→ いただきます(잘 먹겠습니다)
→ ごちそうさまでした(잘 먹었습니다)
→ 行ってきます(다녀오겠습니다)
→ 行って(い)らっしゃい(다녀오십시오)
→ こんにちは(안녕하십니까? 점심 인사)
→ おげんきですか(건강하시지요? 안부 인사)
→ おかげさまで 元気です(덕분에 건강합니다. 답례 인사)
→ おさきに 失礼します(먼저 실례하겠습니다)
→ おつかれさまでした(수고하셨습니다)
→ ただいま(다녀왔습니다)
→ お帰りなさい(어서 돌아오세요)
→ おやすみなさい(안녕히 주무세요)

まつおか　私の　考えでは、ホンさんは　音楽に　才能が
　　　　　　あるし、今まで　ずっと　練習して　きたから、
　　　　　　音楽大学の　試験を　受けて　みるのが　いいと
　　　　　　思いますね。

ホン　　　実は　私も　そうして　みようかと　思って
　　　　　　います。

WORDS

考(かんが)え 생각　　音楽(おんがく) 음악　　才能(さいのう) 재능
受(う)ける (시험 등을) 치르다　　実(じつ)は 실은
そうして 그렇게 해

Point

1 「て형」+みる는 '～해 보다' 라는 뜻의 문형입니다.

연습　1. 受けて　みる(치뤄 보다)　　2. 食べて　みる(먹어 보다)
　　　3. 飲んで　みる(마셔 보다)　　4. 呼んで　みる(불러 보다)

2 みようと는 '～해 보려고' 라는 뜻입니다. みようかと가 되면 '～해 볼까 하고' 라는 뜻으로 바뀝니다.

연습　1. 먹어 볼까 하고　→　食べて　みようかと
　　　2. 먹을까 하고　　→　食べようかと

3 考え라는 말이 나왔습니다. 考える는 '생각하다' 라는 뜻의 동사지요? 그런데 동사의 「ます형」은 명사로도 쓰입니다. 考え는 '생각' 이라는 명사입니다.

예　聞く → 聞き(듣기)　　　話す → 話し(말하기)
　　読む → 読み(읽기)　　　書く → 書き(쓰기)

내 생각에는 홍 양은 음악에 재능이 있고, 이제까지 쭉 계속해서 연습을 해 왔으니까 음악대학 시험을 치뤄 보는 게 좋다고 생각해요.

실은 저도 그렇게 해 볼까 하고 생각하고 있습니다.

일본어로 말해 보세요!

실은 저도 그렇게 해 볼까 하고 생각하고 있습니다.

1. 그만둘까 하고 (やめる)　　　2. 갈까 하고 (行く)
3. 살까 하고 (買う)

1　日本の おふろや (공중 목욕탕)는 우리 나라의 목욕탕과 크게 다를 것은 없지만, 돈을 받는 사람이 남탕과 여탕의 중간 지점의 높은 곳에 앉아 있다는 점이 다릅니다. 대부분이 おじいさん、おばあさん이지만 たまには (가끔은) 젊은 아줌마나 아저씨가 높은 곳에 앉아서 りょうがわ (양쪽)를 다 바라보고 있는 경우도 있습니다.

우리 나라의 목욕탕은 せっけん (비누)이나 샴푸, タオル (수건) 등이 목욕탕 안에 비치되어 있는 곳도 있지만, 日本의 목욕탕은 그렇지 않습니다. 자기가 쓸 물건은 자기가 가져가야 합니다. 이러한 しゅうかん (습관)의 ちがい (차이)로 우리 나라 사람들이 人の 物に 手を だす (남의 물건에 손 대는) 무례한 사람으로 오해를 받기도 합니다.

스물여덟째날

01_ ～そうです의 정리
02_ ～たびに
03_ ～の ために

 **01 선생님 댁에서** 🎧83

まつおか(마쯔오까)　アンヘルさんは 5才の 時から 絵描きさんに
　　　　　　　　　(안 헤 루 상 와 고 사이노 또끼까라 에 카끼 산 니)
　　　　　　　　　なろうと 思ったそうですが、ほんとうですか。
　　　　　　　　　(나 로 - 또 오못 따소 - 데스가　혼 또 - 데스까)

アンヘル(안 헤 루)　はい、私は ちいさい時から 絵を かくのが
　　　　　　　　　(하 이　와따시와　치 - 사이또끼까라　에 오　카 꾸노가)
　　　　　　　　　好きで、大人に なったら、ルノワールの
　　　　　　　　　(스 키 데　오또나니　낫 따라　루노와 - 루노)
　　　　　　　　　ような 画家に なるんだと 心に 決めて
　　　　　　　　　(요 - 나　가 까니　나 룬 다또　코꼬로니　키 메 떼)
　　　　　　　　　いました。
　　　　　　　　　(이 마 시 따)

> **WORDS**
>
> 5才(ごさい) 5살　　絵描(えか)きさん (직업)화가
> 決(き)める 결정하다

 **Point**

1_ そうだ를 다시 한번 정리하면 **종지형 + そうだ**는 '～라고 한다'라는 뜻으로 남에게 들은 말을 전하는 문형이고, **「ます형」+ そうだ**는 '～인 것 같다'라는 뜻으로 모양과 상태를 나타내는 문형입니다.
　모양과 상태를 나타내는 말로, 형용사의 경우 「い형용사」는 끝의 「い」를 떼어 내고 そう를 붙이고 「な형용사」는 「な」를 떼어 내고 そう를 붙인다고 했습니다.

2_ **なるんだ**는 '될 거다'라는 뜻으로, 거기에 '～라고, ～라는' 뜻의 と가 붙으면 '될 거라고'라는 마음속의 의지를 나타내는 표현입니다. 회화체에서 주로 씁니다.
　연습　갈 거라고　→ 行くんだと　　　　올 거라고 → 来るんだと
　　　　　합격할 거라고 → 合格(ごうかく)するんだと

214 ●

네, 나는 어렸을 때부터
그림 그리는 것을 좋아해서, 어른이 되면
르느와르 같은 화가가 될 거라고
마음속으로 결정했습니다.

안헤르 씨는
5살 때부터 화가가 되려고
생각했다고 하는데
정말입니까?

일본어로 말해 보세요!

당신은 화가가 되려고 생각했다지요?

1. 목사(ぼくしさん)　　2. 신부(しんぷさん)

3. 축구 선수(サッカーの せんしゅ)

1_　대다수의 일본인은 남과 다르게 行動하는 것을 싫어합니다. 어쩌다 남과 다른 行動
을 하고 있다는 느낌이 들면 不安해 합니다. 일본 속담에 「あかしんごう みんなで
渡れば こわくない」라는 말이 있습니다. '빨간 신호라도 모두 함께 건너면 무섭지
않다' 라는 뜻으로, 일본인의 집단 의식을 아주 잘 나타내 주는 말이라고 생각됩니
다. 나쁜 일이라도 함께 하면 괜찮다라는 이런 의식은 무서운 일이 아닐 수 없군요.

行動(こうどう)	행동	不安(ふあん)	불안
あかしんごう	빨간 신호	渡れば(わたれば)	건너면

アンヘル ところで、来月からは 先生が 東京に
いらっしゃらないと 思うと もう さびしく
なりますね。

ホン 私は ソウルへ 帰るたびに 先生の ところに
よります。

WORDS

ところで 그건 그렇고	いらっしゃる 계시다, 가시다, 오시다
もう 벌써, 이미	さびしい 쓸쓸하다 ～たびに ～때마다
よる 들르다	

 **Point**

1 ところでと '그건 그렇고'라는 뜻으로, 화제를 바꿀 때 쓰는 말입니다.

2 ～たびには '～할 때마다'라는 뜻입니다.

연습 1. 볼 때마다 → 見るたびに
2. 먹을 때마다 → 食べるたびに
3. 갈 때마다 → 行くたびに

3 ～の ところにと '～네 집에'라는 뜻입니다.

연습 1. 兄の ところに (오빠(형)네 집에)
2. あなたの ところに (당신네 집에)
3. 先生の ところに (선생님 댁에)

Let's try

저는 서울에 돌아갈 때마다 선생님 댁에 들르겠습니다.

그건 그렇고, 다음 달부터는 선생님이 도쿄에 계시지 않는다고 생각하니 벌써 쓸쓸해지는군요.

 일본어로 말해 보세요!

서울에 돌아갈 때마다 선생님 댁에 들르겠습니다.
1. 친구 집에   2. 사장님 댁에   3. 홍 양 집에

1_ 日本人은 しっけ(습기)가 많은 탓도 있겠지만, おふろ(목욕)를 좋아합니다. かない는 おっと가 職場에서 돌아오면 곧바로 목욕할 수 있도록 준비해 놓습니다. おもしろいのは 탕 안의 물은 버리지 않고 家族들이 돌아가면서 使用하는 것입니다. 日本人 집에 놀러 가서 목욕을 하게 될 경우 자기가 사용하고 난 탕 안의 물을 모두 빼버리는 것은 실례가 됩니다. 자기가 씻고 난 물을 그대로 놓고 나오기에는 왠지 찝찝하지만 말입니다.
또한 日本人은 남의 실수는 가능한 한 지적하지 않습니다. '몰라서 그렇겠지' 하며 이해를 합니다. 일본어가 서툴러도 してき(지적)하고 고쳐주기보다는 잘한다고 추켜올려줍니다. 자신의 말 한마디가 상대에게 상처를 주지 않을까 하는 気くばり(배려)라고도 말할 수 있습니다.

かない	아내	おっと	남편
職場(しょくば)	직장	本音(ほんね)	본 마음, 본심

스물여덟째날 ● **217**

마쯔오까 まつおか	^{오 후따리노 고ー카꾸노 타메니 감 빠이} おふたりの 合格の ために かんぱい ^{시 마 쇼ー} しましょう。
^{안 헤루} アンヘル	^{도ー모 아리가또ー고자이마스} どうも ありがとうございます。 ^{감 바리마 스} がんばります。
^홍 ホン	^{센세ー모 오겡끼데} 先生も お元気で。
마쯔오까 まつおか	^{쟈 감 빠이} じゃ、かんぱい。
^{홍 안 헤루} ホン・アンヘル	^{감 빠이} かんぱい。

WORDS

おふたり 두 사람   合格(ごうかく) 합격
お元気(げんき)で 건강하세요   かんぱい 건배

1_ **〜の ために**는 '〜을 위해서'라는 뜻입니다.

(예) 당신을 위해서 → あなたの ために 당신을 위해서예요. → あなたの ためです。

참고로 〜のせいでは '~탓에'라는 뜻입니다.

(예) 당신 탓에 → あなたの せいで 당신 탓이에요. → あなたの せいです。

또한 〜のおかげでは '~덕분에'라는 뜻입니다.

(예) 당신 덕분에 → あなたの おかげで 당신 덕분이에요. → あなたの おかげです。

특별히 누구라고 가리키지 않고 그저 '덕분에요'라고도 하지요? 이때는 おかげさ
まで라고 하시면 됩니다.

2_ **お元気で**는 헤어지면서 '건강하세요'라는 뜻으로 쓰는 인사말입니다.

일본어로 말해 보세요!

두 사람의 합격을 위해 건배합시다.
1. 성공(せいこう)   2. 행복(しあわせ)   3. 미래(みらい)

1 시작이 반이라더니 어느 새 오늘이 마지막 날입니다. 그 동안 재미있으셨지요? 어려운 고비를 무사히 넘기고 이렇게 끝까지 노력하신 여러분께 격려와 축하의 말씀을 드립니다.

おつかれさまでした!(수고하셨습니다!)

おめでとうございます!(축하드립니다!)

여러분은 기초 문법과 문형을 모두 마스터하셨습니다. 이제 일본어의 골격은 모두 갖추어진 셈입니다. 이제부터는 부지런히 사전을 찾아보며 어휘력을 늘리시기만 하면 일상 회화는 문제없으실 겁니다. 한 가지 중요한 것은 앞으로 6개월 정도는 일본어 공부를 계속하셔야 합니다. 그렇지 않으면 애써 배운 것을 잊어버리게 되니까요. 아무쪼록 여러분의 건투를 빕니다. 여러분 모두 고맙습니다.

해답

실력 다지기

첫째날

01 ~た형, ~たり형

🔴 일본어로 말해 보세요!

まいにち	ビールを のんだり	うたを うたったり しました。
1.	パンを たべたり	ぎゅうにゅうを のんだり しました。
2.	テレビを みたり	ビデオを みたり しました。
3.	ゲームを したり	うたを うたったり しました。

02 ~ています。

🔴 일본어로 말해 보세요!

A: いま なにを して いますか。	B: えいがを みて います。
1.	ほんを よんで
2.	テレビを みて
3.	ひるねを して

Level up

(예)

1. はい、みて います。／ いいえ、みて いません。
2. 私は いま にほんごの べんきょうを して います。
3. はい、して います。／ いいえ、して いません。

둘째날

01 ます형+たい

🔴 일본어로 말해 보세요!

	ききたい こと が ありますが、
1.	ききたい こと
2.	はなしたい こと
3.	おしえたい こと

2 知って いますか。

🥣 일본어로 말해 보세요!

　　　　「たけや」　という　　店　を　知って　いますか。
1.　　「ダイハード」　　　えいが
2.　　「ピカソ」　　　がか
3.　「モーツァルト」　　おんがくか

셋째날

1 동사의 명사 수식

🥣 일본어로 말해 보세요!

あなたは　ほんとうに　　絵が　上手ですね。
1.　　　　　　ピアノが　上手ですね。
2.　　　　　　はなしが　上手ですね。
3.　　　　　　おどりが　上手ですね。

2 こと

🥣 일본어로 말해 보세요!

私は　　絵を　描く　こと　が　好きですが、上手では　ありません。
1.　　　　およぐ　こと
2.　写真を　とる　こと

3 ～が 好きです。

🥣 일본어로 말해 보세요!

A: 画家の　中では　だれが　一番　好きですか。　　B: ルノワール　が　一番　好きです。
1.　　　　　　　　　　　　　　ピカソ
2.　　　　　　　　　　　　　ダリ
3.　　　　　　　　　　　　　ゴッホ

おんがくかの　中では　　モーツァルト　が　一番　好きです。
1.　　　　　　ベートーベン
2.　　　　　　ショパン
3.　　　　　　バッハ

Level up

(예)

1. 私の　好きな　食べ物は　キムチチゲです。
2. 私の　好きな　歌手は　ボア(BoA)です。
3. 私の　好きな　画家は　モネです。

4 ～と　思います。

🥢 일본어로 말해 보세요!

あなたは　　　ルノワール　　に　ついて　どう　思いますか。

1. にほんぶんがく
2. 日本人
3. アンヘルさん
4. こんどの　せんきょ

넷째날

1 ～に　なる

🥢 일본어로 말해 보세요!

私の　夢は　　ピアニスト　に　なる　ことです。

1. デザイナー
2. エンジニア
3. かんごふ
4. だいとうりょう

2 て형+います。

🥢 일본어로 말해 보세요!

新しい　ピアノ　を　買いたいと　思って　います。

1. くるま
2. いえ
3. パソコン

Level up

買いたい もの

1. ようふく を 買いたいと 思って います。
2. ステレオ
3. けいたいでんわ
4. デジタルカメラ
5. ビデオカメラ

食べたい もの

1. カルビ が 食べたいと 思って います。
2. れいめん
3. さしみ
4. スパゲッティ
5. ラーメン

飲みたい もの

1. コーラ が 飲みたいと 思って います。
2. ジュース
3. ビール
4. おさけ

捨てたい もの

1. よくばり を 捨てたいと 思って います。
2. しっとしん
3. みえっぱり

3 ～が ほしい

일본어로 말해 보세요!

「ヤマハ」の ピアノ が ほしいです。

1. 「キャノン」の デジタルカメラ
2. 「ポルシェ」の くるま
3. 「パイオニア」の ステレオ
4. 「モトローラ」の けいたいでんわ

Level up

1. 見たい	2. 行きたい	3. 会いたい	4. 来たい
5. 寝たい	6. 泣きたい	7. 死にたい	8. 帰りたい
9. やりたい	10. 聞きたい		

다섯째날

01 동사의 명사 수식

🍵 일본어로 말해 보세요!

私の 趣味は 　　　本を 読む ことと 音楽を 聞く こと　 です。
1. 　　　　　えいがを 見る ことと テレビを 見る こと
2. 　　　　　　　食べる ことと 寝る こと

02 ~하러

🍵 일본어로 말해 보세요!

A: あした 　　　海を 見に 　　　　行きませんか。 B: はい、行って みたいですね。
1. 　　　　えいがを 見に
2. 　　　　先生に 会いに
3. 　　　　絵を かきに

여섯째날

01 ~たり しては いけません。

🍵 일본어로 말해 보세요!

　　　　　しばふに 入っても 　　　いいかな。
1. 　さきに 食べても
2. 　たくさん 飲んでも
3. 　テレビを 見ても
4. べんきょう しなくても

02 동사 과거형의 명사 수식

1. 飲んでは いけません。
2. 帰っては いけません。
3. 食べては いけません。

🍜 일본어로 말해 보세요!

　　　　たのんで　みましょう。
1.　聞いて
2.　行って
3.　さわって

Level up

동사원형	ます형	て형	た형	ない형
おもう	おもいます	おもって	おもった	おもわない
はいる	はいります	はいって	はいった	はいらない
する	します	して	した	しない
たのむ	たのみます	たのんで	たのんだ	たのまない
かく	かきます	かいて	かいた	かかない
つかう	つかいます	つかって	つかった	つかわない

3 ～と いって います。

🍜 일본어로 말해 보세요!

この　人が　あなたと　　　　はなしたいと　　　　いって　いますが、いいでしょうか。
1.　　　　　　　　　ともだちに　なりたいと
2.　　　　　　　　　しょくじを　したいと
3.　　　　　　　　　りょこうを　したいと
4.　　　　　　　　　えいがを　見に　行きたいと

일곱째날

1 ます형+なさい

🍜 일본어로 말해 보세요!

A: うごいても　いいですか。　　　B: いいえ、　うごいては　だめですよ。
1.　食べても　　　　　　　　　　　　食べては
2.　行っても　　　　　　　　　　　　行っては
3.　はなしても　　　　　　　　　　　はなしては

Level up

1. はなす → はなして ください → はなして → はなしなさい
2. やめる → やめて ください → やめて → やめなさい
3. はらう → はらって ください → はらって → はらいなさい
4. おくる → おくって ください → おくって → おくりなさい
5. とめる → とめて ください → とめて → とめなさい

2 て형+から

🍮 일본어로 말해 보세요!

日本へ きてから どのくらい たちましたか。
1. 先生に なってから
2. けっこんしてから
3. そつぎょうしてから

3 가정법

🍮 일본어로 말해 보세요!

じぶんで やらなければ なりませんから はじめは こまりました。
1. 行かなければ
2. べんきょうしなければ
3. つくらなければ

여덟째날

1 ～なければ なりません。

Point

1. たべてから のみなさい。
2. たべては いけません。
3. たべても いいです。
4. たべに いきましょう。
5. たべたいです。
6. たべて います。
7. たべたり のんだり します。
8. たべた ものは なんですか。
9. たべないで ください。
10. たべなければ なりません。

A:　食事を　作らなければ　　　なりませんか。
1.　うんどうを　しなければ
2.　学校を　やすまなければ
3.　映画を　見に　行かなければ

B:　ええ、　　　　　作らなければ　　　　なりません。
1.　　　　うんどうを　しなければ
2.　　　　学校を　やすまなければ
3.　　　　映画を　見に　行かなければ

Level up

1. たいしかんへ　行きます。
2. ともだちに　お金を　かります。
3. びょういんへ　行きます。
4. かきごおりを　食べます。
5. だいとうりょうに　なりたかったです。
6. うたを　うたいます。
7. いのります。

2 ～くても いいです。

일본어로 말해 보세요!

いいえ、行かなくても　いいです。
1.　　　食べなくても
2.　　　来なくても
3.　　　見なくても

아홉째날

1 て형+から

일본어로 말해 보세요!

ホンさんは　　　日本　に　来てから　ずっと　元気でしたか。
1.　　　　　ソウル
2.　　　　かんこく
3.　　　　ここ

1. 飲んでから 行きます。　　2. 飲んでも いいですか。
3. 飲みに 行きましょう。　　4. 飲みたかったです。
5. 飲んで いました。　　　　6. 飲んで きました。
7. 飲んでは いけません。　　8. 飲んだり 食べたり しました。
9. 飲まないで ください。　　10. 飲まなければ なりません。

2 ～なければ ならない。

🍜 일본어로 말해 보세요!

私は もっと 体(からだ)を 丈夫に しなければ　ならないと 思います。
1.　　　　　べんきょう しなければ
2.　　　　　ふとらなければ
3.　　　　　やせなければ
4.　　　　しんせつに ならなければ

3 ～と

🍜 일본어로 말해 보세요!

保険(ほけん)に 入(はい)ると　病気(びょうき)に なった 時(とき)、あまり お金(かね)を 払(はら)わなくても いいですよ。
1.　　　　　入学(にゅうがく)した 時、
2.　　　　　入院(にゅういん)した 時、
3.　　　けがを した 時、

4 ～ても、～なくても

🍜 일본어로 말해 보세요!

学生証(がくせいしょう)　は 持(も)って いても、いなくても　かまいません。
1.　くすり　　　　　飲んでも、飲まなくても
2.　映画(えいが)　　　　見ても、見なくても
3.　　本　　　　読(よ)んでも、読まなくても
4. しゅくだい　　　　しても、しなくても

열째날

01 ～と 思って います。

🍵 일본어로 말해 보세요!

ことしは　　かいがいりょこうを　したい　と　思って　います。
1.　　　　　日本に　りゅうがく　したい
2.　　　　　　およめに　行きたい
3.　　　　　ダイエットを　したい

02 명사로 쓰이는 の

🍵 일본어로 말해 보세요!

でも、一人で　　行くのは　　ちょっと　不安ですね。
（ひとり）　　　　　　　　　　　　　（ふ　あん）
1.　　　　　帰るのは
　　　　　　（かえ）
2.　　　　　乗るのは
　　　　　　（の）
3.　　　　　のこるのは

03 가능 표현

🍵 일본어로 말해 보세요!

　　　　　　飛行機　　だったら、　　2時間　ぐらいで　行けます。
　　　　　（ひ こう き）　　　　　（じ かん）
1.　　ふね　　　　　　　　8時間
2.　　くるま　　　　　　　12時間
3.　　じてんしゃ　　　　　24時間
4.　　でんしゃ　　　　　　10時間

Level up

1. 行ける　　　　2. 飲める　　　　3. 買える
　　　　　　　　　　（の）　　　　　　　（か）
4. 食べられる　　5. 見られる　　　6. できる
7. 来られる
　（こ）

열하루째날

a1 つもり

🗣 일본어로 말해 보세요!

ホンさんと いっしょなら　ソウルへ 行きたいですね。
1. 　　　　　　　　　どこへでも 行きたいですね。
2. 　　　　　　　　　ヨーロッパへ 行きたいですね。

a2 종지형+し

🗣 일본어로 말해 보세요!

道は 広いし、高い ビルは 並んでいるし
1. 　天気は いいし、こいびとは いないし
2. 　ふぐは 食べたいし、いのちは おしいし
3. 　けっこんは したいし、お金は ないし
4. 　本も 買いたいし、パンも 食べたいし
5. 　映画も 見たいし、デートも したいし
6. 音楽家にも なりたいし、画家にも なりたいし
7. 　雪は 降るし、風は ふくし

Level up

1. ソウルへ 行きました。
2. いいえ、ホンさんと いっしょに 行きました。
3. 2時間ぐらいで 行けます。
4. 道が 広くて、高い ビルも 並んで いて すごいと 思いました。
5. いいえ、一人で 行くのは ちょっと 不安だと いいました。

a3 ～が できる

🗣 일본어로 말해 보세요!

あなたは 運転が でき ますか。
1. 　　　　ピアノが ひけ
2. 　　　　お酒が 飲め

1. 私は 子供が 好きです。
2. 高くて、買えませんでした。
3. お金も ないし、行けません。
4. この かんじは 書けます。
5. お酒が 飲みたいです。
6. タバコが すいたいです。

열둘째날

01 자동사와 타동사

🔸 일본어로 말해 보세요!

民宿 と いうのは 何ですか。

1. しゃみせん
2. かぶき
3. さしみ

02 동사원형+ように なる

🔸 일본어로 말해 보세요!

このごろは さしみ も 食べる ように なりました。

1. 辛いもの
2. やさい
3. にく

それなら、これを 買う ことに しましょう。

1. 食べる ことに
2. ちゅうもんする ことに
3. すてる ことに

03 ～て くださいませんか。

🔸 일본어로 말해 보세요!

この ノートに 住所と なまえ を 記入して くださいませんか。

1. せいねんがっぴ
2. でんわばんごう

열섯째날

1 ～たり、～たり

まいにち　食べたり　飲んだり　しました。

1.　　　食べたり　寝たり
2.　　　行ったり　来_きたり
3.　　　泣_ないたり　笑_{わら}ったり

私は　生_{なま}の　さかな　は　食べられません。

1.　　辛_{から}い　キムチ
2.　日本の　ラーメン
3.　　　にんじん

2 ありませんね？

はい、出発_{しゅっぱつ}します。

1.　　飲みます。
2.　　やります。
3.　　いただきます。

3 ～ので

普通_{ふつう}の日_ひだったら、もっと　はやく　走_{はし}れますが。

1.　　　　　　　　　　　行けますが。
2.　　　　　　　　　　　来_こられますが。
3.　　　　　　　　　　　飲めますが。

4 あるんです。

1. これも　食べるんですか。　　はい、食べるんです。
2. もう　行くんですか。　　　　はい、行くんです。
3. もっと　飲むんですか。　　　はい、飲むんです。

 일본어로 말해 보세요!

むこうに　　　車　　　が　止まって　いますが、見えますか。
1. 　　　　じてんしゃ
2. 　　　　オートバイ
3. 　　　　トラック

열넷째날

○1 ～ましょう。

 일본어로 말해 보세요!

さあ、さっそく　　食事　　の　用意を　始めましょう。
1. 　　　　べんきょう
2. 　　　　パーティー
3. 　　　　しあい

○2 ～て きて ください。

 일본어로 말해 보세요!

アンヘルさんは　　木の 枝　　を　集めて　きて　ください。
1. 　　　　子供たち
2. 　　　　学生たち
3. 　　　　お金

○3 가능 표현 ～られる

Point

1. 会える　　　　　　2. 買える　　　　　　3. 起きられる
4. 寝られる　　　　　5. 来られる　　　　　6. できる

 일본어로 말해 보세요!

らくに　集められ　ました。
　　　　買え
　　　　着られ
　　　　あけられ

열다섯째날

1 ～ようですね。

🍊 일본어로 말해 보세요!

本当に いい におい が しますね。
1.　　　　　おと
2.　　　　　あじ
3.　　　　　かんじ

2 ～し、

🍊 일본어로 말해 보세요!

お腹も いっぱいに なったし さんぽでも しましょう。
1.　べんきょうも おわったし
2.　時間も あるし
3.　天気も いいし

3 まるで ～のようです。

🍊 일본어로 말해 보세요!

まるで 一枚の 写真 の ようですね。
1.　いっぺんの 映画
2.　いっぺんの ドラマ
3.　　　まんが

Level up

ホン	アンヘルさん、りょうりが できましたよ。
	どうですか。いい においでしょう。
アンヘル	わあ、ほんとうに いい においが しますね。
ホン	アンヘルさん、ビールを もう いっぱい いかがですか。
アンヘル	どうも。

4 ～く なりましたね。

🍊 일본어로 말해 보세요!

最近、この ような 星 は 見られなく なりましたね。
1. 食べ物 食べられなく
2. もの 買えなく
3. もの 作れなく

열여섯째날

1 とこる

🍊 일본어로 말해 보세요!

なにか いい こと でも あるのですか。
1. わるい こと
2. おもしろい こと
3. たのしい こと

2 た형＋とこるです。

🍊 일본어로 말해 보세요!

音楽会 に 行きたかったんですが、予約が とれませんでした。
1. てんじかい
2. リサイタル
3. ピアノ コンサート

3 楽しみに して います。

🍊 일본어로 말해 보세요!

私も 苦労して 手に 入れました。
1. 買いました。
2. もとめました。
3. 作りました。

열일곱째날

α1 ~とは

🥢 일본어로 말해 보세요!

天才(てんさい) とは どのような ものかが わかりましたね。
1. 人生(じんせい)
2. 女性(じょせい)
3. しゅうきょう

α2 ます형+ながら

🥢 일본어로 말해 보세요!

それに 食事(しょくじ)しながら フラメンコ も 見られますよ。
1.　　　　　　　　みんぞくぶよう
2.　　　　　　　　映画
3.　　　　　　　　ショー

열여덟째날

α1 ~く なる

🥢 일본어로 말해 보세요!

A : いつから いたく なったのですか。
1.　　　　かゆく
2.　　　　したしく
3.　　　　おかしく

B : すしを 食べてから いたく なりました。
1.　　　　　　　　かゆく
2.　　　　　　　　したしく
3.　　　　　　　　おかしく

02 느낌, 맛, 감각+が する

일본어로 말해 보세요!

へんな 味(あじ) は しませんでしたか。

1. おと
2. におい
3. かんじ

03 강조의 の

일본어로 말해 보세요!

食前(しょくぜん) では なく 食後(しょくご) に 飲むのです。

1. 今日(きょう) 明日(あした)
2. 朝(あさ) 夜(よる)
3. 毎週(まいしゅう) 毎日(まいにち)

04 ~ない ほうが いいです。

일본어로 말해 보세요!

いいえ、たいした ことでは ないから 学校には 行って ください。

1. 家(うち)に 帰って
2. べんきょうして いて
3. そのまま いて

열아홉째날

01 いらっしゃる

일본어로 말해 보세요!

さあ、どうぞ。

1. どうぞ。
2. どうぞ。
3. どうぞ。

2 ～が 苦手だ。

私は <ruby>数学<rt>すうがく</rt></ruby> が 苦手です。

1. 子供
2. バイオリン
3. <ruby>勉強<rt>べんきょう</rt></ruby>

3 가정표현 ～ば

일본어로 말해 보세요!

<ruby>毎日<rt>まいにち</rt></ruby> <ruby>書く<rt>か</rt></ruby> <ruby>練習<rt>れんしゅう</rt></ruby>を <ruby>続<rt>つづ</rt></ruby>けなければ なりません。

1. <ruby>読む<rt>よ</rt></ruby>
2. <ruby>走る<rt>はし</rt></ruby>
3. おどる

스무째날

○1 ~(よ)うと

🍴 일본어로 말해 보세요!

将来（しょうらい）　　　先生　　　に　なろうと　思って　います。

1.　　　　　いしゃ
2.　　　　べんごし
3.　　だいとうりょう

Level up

동사원형	~하려고	~하면	~하지 않으면
帰る	帰ろうと	帰れば	帰らなければ
やめる	やめようと	やめれば	やめなければ
する	しようと	すれば	しなければ
行く	行こうと	行けば	行かなければ
寝る	寝ようと	寝れば	寝なければ
来る（く）	来ようと（こ）	来れば（く）	来なければ（こ）

○2 가정 표현 ~なら

🍴 일본어로 말해 보세요!

　　　大学　でも　使う（つか）なら、これが　いいと　思いますね。

1.　うみ
2.　しょくば
3.　キッチン

○3 가정 표현의 정리

🍴 일본어로 말해 보세요!

　　　韓国　の　料理（りょうり）も　食べられますから、ぜひ　さんかして　ください。

1.　日本
2.　スペイン
3.　オランダ

스물하루째날

ⓐ1 ~ため

🥣 일본어로 말해 보세요!

サークルの 活動費(かつどうひ)を 作る ために アルバイトを します。
1.　あそびだい
2.　じゅぎょうりょう
3.　　がくひ

ⓐ2 ~て いただく

🥣 일본어로 말해 보세요!

大学祭(だいがくさい)　　　　に 招(まね)いて いただいて ありがとう ございました。
1.　こんやくパーティー
2.　しゅっぱん記念(きねん)パーティー
3.　かいぎょうパーティー

ⓐ3 ~て ほしい

🥣 일본어로 말해 보세요!

来年(らいねん)は　　　うちの 大学　　　　に 入(はい)って ほしいですね。
1.　　　　うちの 会社(かいしゃ)
2.　　　うちの サークル
3.　東京がいこくご大学

스물둘째날

ⓐ1 여러 가지 부사

🥣 일본어로 말해 보세요!

たまには 外で　食事するのも　いいと 思いますね。
1.　　映画を 見るのも
2.　うんどうするのも
3.　　飲(の)むのも

2 상태의 ～そうだ

일본어로 말해 보세요!

こちらの ほうが　　おいしそう　ですね。

1.　　　　　　　　おもしろそう
2.　　　　　　　　たかそう
3.　　　　　　　　よさそう

3 ～そうな+명사

일본어로 말해 보세요!

みんな　　うれしそうな　　顔を　していますね。
<small>かお</small>

1.　　心配そうな
<small>しんぱい</small>
2.　　泣きそうな
3.　さびしそうな
4.　　くるしそうな

1. これは　おいしく　なさそうですね。
2. あの　人は　お金が　ありそうですね。
3. この　人は　お金が　なさそうですね。
4. 死にそうな　顔を　して　いますね。
<small>し　　　　　かお</small>

4 ～から/で 作る

일본어로 말해 보세요!

しょうゆ　　は　　まめと しお から 作ります。

1.　ワイン　　　　　ぶどう
2.　プラスチック　　せきゆ
3.　とうふ　　　　　だいず
4.　チーズ　　　ぎゅうにゅう

스물셋째날

01 수동태 1

🔴 일본어로 말해 보세요!

おもしろかった ので 全部(ぜんぶ) 読んで しまいました。

1. おいしかった   食べて しまいました。
2. まずかった   すてて しまいました。
3. やすかった   買って しまいました。

02 ～すぎる

🔴 일본어로 말해 보세요!

人が 多すぎて   たいへんでした。

1. お酒を 飲みすぎて
2. ごはんを 食べすぎて
3. たばこを すいすぎて

스물넷째날

01 종지형+そうです

🔴 일본어로 말해 보세요!

韓国 も 同(おな)じですか。

1. 日本
2. スペイン
3. 中国(ちゅうごく)

Level up

1. 死(し)んだ そうです。
2. 泣いた そうです。
3. 好きだった そうです。
4. おいしかった そうです。
5. つかれた そうです。
6. 行かなかった そうです。

2 사역형

🔴 일본어로 말해 보세요!

おさない 子を　　ピアノ　　きょうしつに 行かせます。
1. 　　　　　　えいかいわ
2. 　　　　　　しょどう
3. 　　　　　　パソコン

3 ～のに

🔴 일본어로 말해 보세요!

　　　　韓国の 子供たち　　　　も かわいそうですね。
1. 　　ベトナムの 人たち
2. 　イラクの 女の 人たち
3. 　　　　大人たち

스물다섯째날

1 ～らしい

🔴 일본어로 말해 보세요!

　　子供　は　　子供らしい　のが いいと 思います。
1. 大人　　　　大人らしい
2. 女性　　　　女性らしい
3. 男性　　　　男性らしい

2 경어

🔴 일본어로 말해 보세요!

松岡先生は　　日本語を 教える ために　　韓国に 行かれる そうです。
1. 　　　韓国の 歴史を 知る ために
2. 　　　韓国の 文化を 知る ために
3. 　　　韓国語の 勉強の ために

스물여섯째날

1 お+ます형+ください

일본어로 말해 보세요!

お 入^{はい}り ください。

1. 乗^のり
2. 読^よみ
3. 休^{やす}み

2 お上手になる。

일본어로 말해 보세요!

日本語　が　お上手^{じょうず}に　なりましたね。

1. おどり
2. うた
3. えいかいわ

3 ～たばかり

일본어로 말해 보세요!

あなたの 友達の 中で 一番　背^せが 高い 人　は　だれ ですか。

1. 韓国人　　　　　　　　お金が たくさん ある 人　　だれ
2. あなたの会社　　　　　仕事^{しごと}が 多い 人　　　　だれ
3. 韓国　　　　　　　　　高い レストラン　　　　　　どこ
4. こ　　　　　　　　　　ほしい もの　　　　　　　　なん

日本へ 来たばかりの 時は なまもの は ぜんぜん 食べられ ませんでした。

1. 　　　　　　日本語　　　　　話^{はな}せ
2. 　　　　　　ラーメン　　　　食べられ

스물일곱째날

○1 ～になりたい

🍵 일본어로 말해 보세요!

世界的_{せかいてき}に 有名_{ゆうめい}な　　ピアニスト　に なりたいです。

1. 　　　　　映画はいゆう
2. 　　　　　セールスマン
3. 　　　　　かがくしゃ

○2 ～ずに

🍵 일본어로 말해 보세요!

はやく 決_きめないと　　受験_{じゅけん}　　に 間_まに 合_あわないと 思いますね。

1. 　　　　　おんがくかい
2. 　　　　　にゅうがくしき
3. 　　　　　けっこんしき

○3 ～(よ)うかと

🍵 일본어로 말해 보세요!

実_{じっ}は 私も　そうして みようかと　思って います。

1. 　　　　　やめようかと
2. 　　　　　行こうかと
3. 　　　　　買おうかと

스물여덟째날

○1 ～そうです의 정리

🍵 일본어로 말해 보세요!

あなたは　　絵描_{えか}きさん　　に なろうと 思った そうですね。

1. 　　　　　ぼくしさん
2. 　　　　　しんぷさん
3. 　　　サッカーのせんしゅ

⌒2 〜たびに

😊 일본어로 말해 보세요!

ソウルへ 帰るたびに 　　 先生の ところ 　　 に よります。

1. 　　　　　　　　　　 友達の ところ

2. 　　　　　　　　　　 社長_{しゃちょう}の ところ

3. 　　　　　　　　　 ホンさんの ところ

⌒3 〜の ために

😊 일본어로 말해 보세요!

おふたりの 　 合格_{ごうかく} 　 の ために かんぱい しましょう。

1. 　　　　　 せいこう

2. 　　　　　 しあわせ

3. 　　　　　 みらい

동영상 선생님 소개

여태엽

일본 동북(東北)대학 대학원 석사(일본어교육/제2언어습득 전공)
前 일본 동북(東北) 외국어 전문학교 전임강사
現 (주)시사일본어사 스터디테크연구소 수석연구원

이나가와 유우키(稲川右樹)

現 시사일본어학원 전임강사
(주)시사일본어사 스터디테크연구소 연구원

코가네자와 미키(小金沢美紀)

現 시사일본어학원 전임강사
(주)시사일본어사 스터디테크연구소 연구원

e-쉬운일본어 -초급-

초판발행 _ 2005년 2월 25일

1판2쇄 _ 2009년 2월 25일

저자_ 동경외대 일본어연구모임

펴낸이_ 엄호열

펴낸곳_ (주)시사일본어사

등록일자_ 1977년 12월 24일

등록번호_ 제 300 - 1977 - 31호

주소_ 서울 종로구 원남동 13번지

전화_ 1588 - 1582 팩스_(02) 3671 - 0500

홈페이지_ http://book.japansisa.com

이메일_ tltk@chol.com

ISBN 978 - 89 - 402 - 0549 - 5 18730

　　　978 - 89 - 402 - 0547 - 1 18730(set)

＊이 교재의 내용을 사전 허가없이 전재하거나 복제할 경우
　법적인 제재를 받게 됨을 알려 드립니다.

＊잘못된 책은 구입하신 서점이나 본사에서 교환해 드립니다.

＊정가는 표지에 표시되어 있습니다.